SZ201901 营口理工学院大学英语课程思政教学改革项目成果

KG2019001 营口理工学院教学改革重点项目"轻量级混合式教学模式——基于慕课和微课的翻转课堂实践"成果

JP201809 营口理工学院院级精品资源共享课成果

互联网视角下大学英语混合式教学探究

周 影 陈典港——著

中国书籍出版社
China Book Press

图书在版编目（CIP）数据

互联网视角下大学英语混合式教学探究 / 周影，陈典港著. -- 北京：中国书籍出版社，2021.4

ISBN 978-7-5068-8444-0

Ⅰ.①互… Ⅱ.①周… ②陈… Ⅲ.①英语—教学研究—高等学校 Ⅳ.① H319.3

中国版本图书馆 CIP 数据核字（2021）第 065036 号

互联网视角下大学英语混合式教学探究

周　影　陈典港　著

责任编辑	毕　磊
装帧设计	李文文
责任印制	孙马飞　马　芝
出版发行	中国书籍出版社
地　　址	北京市丰台区三路居路 97 号（邮编：100073）
电　　话	（010）52257143（总编室）　（010）52257140（发行部）
电子邮箱	eo@chinabp.com.cn
经　　销	全国新华书店
印　　刷	天津和萱印刷有限公司
开　　本	710 毫米 ×1000 毫米　1/16
字　　数	200 千字
印　　张	11.25
版　　次	2023 年 1 月第 1 版
印　　次	2023 年 1 月第 1 次印刷
书　　号	ISBN 978-7-5068-8444-0
定　　价	78.00 元

版权所有　翻印必究

前言

网络技术的迅猛发展、教育技术的广泛应用、社交软件的全面普及均改变了教育的大环境,现代教育技术的飞速发展也深刻而全面地影响了教育的各个方面。教师和学生对灵活、创新教育的渴望和需求加速了信息化高等教育的发展。教与学不再局限于传统课堂,学生对大学课堂的信息技术元素充满了期待。

随着中国与世界各国的联系越来越紧密,英语作为沟通的重要工具,发挥着越来越重要的作用。互联网使得大学英语的教学方式更加灵活多样,使传统教学模式得到改善,更好地适应当今时代对大学英语教学的要求。混合式教学作为大数据环境下的一个重要模块已在教育界引起热议。混合式学习作为一种新型的学习方式,在外语教育领域也得到了应用和推广,已逐渐成为高校英语教学的主流模式。本书以此为背景,结合我国大学英语教学方式与理论基础,对互联网视角下的大学英语混合式教学进行了探究。

本书共分六章,第一章和第二章是对大学英语教学的论述,主要包括大学英语教学的现状、大学英语教学的发展趋势、大学英语主要教学方式、英语教学的理论基础。第三章首先对互联网视角下大学英语主要教学模式进行了论述,然后在此基础上对大学英语混合式教学模式进行了重点研究,包括对混合式教学的研究现状及内涵特征的论述、"互联网"视角下大学英语混合式教学的问题和原因的分析,还有互联网视角下如何优化大学英语混合式教学。第四章是对大学英语混合式教学中的课程思政的研究,主要内容包括课程思政的概念和价值、大学英语教学与思政课程的结合、大学英语"课程思政"实践路径、基于"课程思政"的大学英语教学改革以及混合式教学模式下大学英语"课程思政"教学设计。第五章研究了互联网视角下大学英语混合式教学模式该如何应用的问题。首先分析了互联网视角下混合式教学模式的应用策略，然后在此基础上，详细探究了"雨课堂"和"学习通"在混合式教学模式中的应用。第六章主要从大学英语轻量级混合式教学模式研究、混合式教学模式下大学英语课程评估模式研究、大学英语课程思政实践三个方面论述了混合式教学模式在大学英语教学中的实践情况。

  在本书中，第一作者周影负责第三章、第四章、第五章和第六章的撰写工作，共计13.8万字；第二作者陈典港负责第一章、第二章的撰写工作，共计10万字。

  在撰写本书的过程中，作者遇到了诸多困难，为此特意请教了多位专家学者，并参考了许多文献资料，在此真诚地感谢大家的帮助和支持。本书在成书过程中亦是经过了反复校改，限于作者水平，书中难免有不足之处，欢迎广大读者指正。

作者

2020 年 11 月

目 录

第一章　大学英语教学现状 …………………………………… 1
第一节　大学英语教学的现状 ………………………………… 1
第二节　大学英语教学的发展趋势 …………………………… 17

第二章　大学英语教学方式与理论基础 ……………………… 35
第一节　大学英语主要教学方式 ……………………………… 35
第二节　英语教学的理论基础 ………………………………… 50

第三章　互联网视角下大学英语混合式教学模式研究 ……… 76
第一节　互联网视角下大学英语主要教学模式 ……………… 76
第二节　混合式教学研究现状及内涵特征 …………………… 91
第三节　互联网视角下大学英语混合式教学的问题和原因分析 ……………………………………………………… 95
第四节　互联网视角下大学英语混合式教学的优化 ……… 100

第四章　大学英语混合式教学中的课程思政 ……………… 105
第一节　课程思政的概念和价值 …………………………… 105
第二节　大学英语教学与思政课程的结合 ………………… 108

第三节　大学英语课程思政实践路径 …………………… 112

   第四节　基于课程思政的大学英语教学改革 …………… 118

   第五节　混合式教学模式下大学英语课程思政

   　　　　教学设计 ………………………………………… 122

第五章　互联网视角下大学英语混合式教学模式的应用 …… 126

   第一节　互联网视角下混合式教学模式的应用策略 …… 126

   第二节　基于"雨课堂"的混合式教学模式在大学英语教学

   　　　　中的应用 ………………………………………… 132

   第三节　超星学习通在大学英语混合式教学中的应用 … 143

第六章　营口理工学院大学英语混合式教学模式实践案例 … 146

   第一节　大学英语轻量级混合式教学模式研究 ………… 146

   第二节　混合式教学模式下大学英语课程评估

   　　　　模式研究 ………………………………………… 160

   第三节　大学英语课程思政实践 ………………………… 164

参考文献 ……………………………………………………………… 172

第一章　大学英语教学现状

本章主要结合大学英语课程的发展历程、大学英语教学改革的现状等内容对大学英语教学现状进行分析，然后在此基础上对大学英语教学的发展趋势进行论述。

第一节　大学英语教学的现状

一、我国大学英语课程的发展历程

我国大学英语教学可分为四个阶段：分别是1949年—1985年、1985年—1999年、1999年—2002年、2002年—现在，第一阶段是起步和探索阶段，没有明确的大学教育教材、教学方法和要求是这一时期的主要特征；第二阶段是规范和发展阶段。这一阶段在原国家教委的指导下，制定了统一的国家英语课程，大学英语教育逐渐开始规范、有序，教材质量越来越高，教学方法也在不断往新的方向发展。第三阶段是调整和改革阶段。这一阶段社会发展迅速，对英语水平的要求越来越高，为了适应这一变化，这一阶段大学英语教育主要是对新的目标和教学任务的探索；第四阶段是提高和深化阶段。大学英语教学向多元化、自主化的发展模式推进是这一阶段的主要特点。

下面我们就每个阶段进行详细的介绍与总结。

（一）大学英语教学的起步与探索阶段（1949年—1985年）

1949年中华人民共和国成立后，因为当时的一些政治因素和整个的国际环境的影响，俄语成为当时中国高等教育中外语教学的主要内容。1952年对高校的很多院系进行了调整，我国设有英语系的高校只有北京大学、武汉大学、复旦大学、南京大学等8所大学，直到1956年第二个五年计划制定出来，中央政府开始意识到1952年的那次调整反而使英语教育的覆盖率降低了很多，对学习和引进发达国家的先进的科学技术是不利的，对促进与发展中国的友谊也没有帮助。所以在1956年又出了另一个方案，专门针对如何把英语教育覆盖面扩大，具体措施有：扩大中学英语教学范围，逐渐恢复和增设各大高校，尤其是综合类和师范类院校的英语专业，大学英语教学也要迅速恢复。同年，还出版了供理工科学生使用英语教材《英语》，这本教材主要由上海交通大学理工科大学凌渭民教授编写。

1978年，随着改革开放政策的正式实施，英语大学教育也正式提上了日程，1980年制定的《高等学校理工科公共英语教学大纲》就是在这样的背景下应运而生的，它可以称得上是我国第一个统一的高等英语教育计划。这是第一次把英语在大学教育中的地位以政府文件的形式明确表示出来，英语公共教育正式摆脱了之前没有秩序的发展阶段，此外这次大纲还就国家对高校公共英语教育的要求制定了统一标准。这次大纲在实施时候还是遇到了不少阻碍，主要原因是这次大纲针对的是理工科本科生，所以在1985年和1986年原国家教委又先后颁布了文理工科都能用的《大学英语教学大纲》，并对大学英语教学提出了更高的规范。从这开始，因为有文件指导和约束，我国的大学英语教学正式进入一个稳步发展时期[1]。

（二）大学英语教学的规范与发展阶段（1986年-1998年）

统一的教学大纲（特别是1986年颁布的《大学英语教学文理科大纲》）公布之后，大学英语教育开始走上有纲可依的规范化发展道路。根据新公布的教学大纲，接连出版了好几本与我国英语教学实际相符的教材：《大学英语》（文理科本科用）（1986年上海外语教育出版社出版）、《新英语教程》（1987年清华大学出版社出版）、《大学核心英语》（1987

---

[1] 谢邦秀. 中国大学英语教学的研究现状概述[J]. 外语与外语教学，2000（12）.

年高等教育出版社出版）等，这些教材出版后，在实际教学的使用中又改编修订了多次，内容不断完善，得到了国内高校教师及学生的青睐，已经成为这一阶段我国高校英语教学的主要教材。

1987年原国家教委开始实施全国大学英语考试（College English Test，后简称CET），目的是检测大学生学习英语基本技能的情况。考试分为两个系列，四级（CET-4）和六级（CET-6），四级是符合一般要求的，六级是符合较高要求的。作为标准化的大规模考试，它不仅是对英语教学结果的测试，也对中国高校英语教学具有指导作用。通过标准化的测试，了解学校、学科、学生的不同情况，进行分类指导，不仅能了解学生的英语学习情况，还能为英语教育和课程开发提供参考依据。大量事实表明，大学英语四、六级考试作为一种大学毕业生素质的重要衡量指标，不只对大学英语教学影响深远，而且在社会上也得到高度认可。从以上这些来看，大学英语四、六级考试的作用是毋庸置疑的。

伴随着教学秩序的稳定、师资队伍的不断完善和英语教育的不断发展，大学生英语能力有了显著提高；随着改革开放的深入，企事业单位对实习生英语能力的需求也大大增加。

（三）大学英语教学的调整与改革阶段（1999年—2002年）

随着高等英语教育的发展，高校学生的英语水平明显高于过去。另一方面，随着我国改革开放的不断深入和加入世界贸易组织，许多企事业单位的外贸业务越来越多，对外语人才的需求也越来越大，这也对教师的外语应用能力提出了更高的要求。

在此背景下，从1996年5月开始，原国家教委高教司对社会需求做了广泛的、多层次的调查，并在听取了专家、科学家和知名学者的意见后，将大学英语（修订版）课程整合起来，在1999年出版了一个统一的《大学英语教学大纲》（修订本）。在修订本教学大纲的指导下，逐步出版发行了一批有全新内容的、先进理念和完整体系的教材，浙江大学编写的《新编大学英语》、复旦大学和上海交通大学一起编写的《21世纪大学英语》、外语教学与研究出版社出版的《新视野大学英语》和上海外语教育出版社出版的《大学英语》（全新版）都是这一阶段出版的教材中很有代表性的。教材内容创新，设计合理，多媒体课程与自学课程的结合，深受广大英语教师和大学生的好评。

除了上面的措施之外，为了跟上时代发展对英语人才的需求，从1999年5月开始，口语测试成了大学英语四、六级考试的必考内容，这对学生英语运用能力的全面提高意义重大。推行口语考试标志着四、六级考试内容变得更完善，开始进入新的阶段；四、六级考试可以全方位地对学生的听、说、读、写、译等技能进行评估，在对大学英语教学改革的推动有重大意义。

（四）大学英语教学的提高与深化阶段（2002年至今）

1999年修订版的教学大纲颁布以后，受到了许多专家的批评。部分专家觉得，修订后的大纲自制定以来，已经跟不上时代的需求。为了对1999年教学大纲的不足进行补充，满足时代发展的需求，在将不同地区和校区的差异都充分考虑进去之后，2002年，教育部针对大学英语教学的新一轮改革开始了，并在2004年颁布实施了《大学英语课程教学要求（试行）》，大学英语教学重点开始向提升听、说能力转移。在这一大纲中教学目标被分成了好几个层次，与高中英语教学衔接更顺畅，内容也更全面。

教育部在对原教学大纲进行改革的基础上，继续在复旦大学、上海交通大学、北京大学、南京大学、东南大学开设优质的大学英语课程。同时，教育部选择全国180所大学开展大学英语教育改革试点工作。

根据教学方法的不同，大学对英语教育的需求包括计算机和互联网等技术。越来越多的多媒体教室、语音室、自习室等已在高校建成并投入使用。清华大学、高等教育出版社等机构也相继开发了几款采用最新的语音合成和识别技术英语学习软件，这些集趣味性、交互性、自主性、可管理性于一身的软件提高了学生的学习效率，受到了越来越多师生的欢迎。

同时，针对学生自身的测验和评估也在逐步提高。首先需要改革的是大学的英语四级和六级考试。四级和六级考试的总分更改为710分，并且不设合格线，考试成绩由颁发考试合格证书变为发放成绩报告单。大学的英语教育也已开始强调对过程的评估，但评估必须基于原始目标的实现。主要内容是"学生自我评估、学生相互评估、教师对学生评估、教务部门对学生评估等，可采取课堂学习活动评比、课外作业评定、课外活动参与和点评、学习效果自评、日常测验等形式"。评估形式灵活多样，通过实现教育与考试的分离，尽快使大学的英语教育脱离应试教育的束缚而具有积极意义。

新大学的英语教育改革始于2002年，正在全国范围内蓬勃发展。就像教育部高等教育司司长张尧学（2006）指出的那样，全国大多数大学的学生现在都在采用计算机驱动的个性化和交互式学习。

二、英语课程教学系统四要素

得益于蓬勃发展的信息技术，现代教学中多媒体的作用已经越发凸显，对于传统的教学体系来说这无疑是一次巨大的冲击。现代的教学体系中，仍然沿用了传统教学体系中的四个基本要素，即教师、学生、教学媒体和教学内容。但他们的作用在现代教学体系中已经发生了根本性的改变，他们不再是简单地、无合作地拼凑在一起，而是开始逐渐相互交融、相互作用，并被有意识地团结成为一个有机整体。换句话说，现代教学体系改变了传统"四要素"之间的关系，提高了教学系统之中各个基本要素之间的相互关系，让他们之间信息转化、信息传递的效率大为提高。

（一）英语学习者

同大多数学科一样，英语教育课程教学的出发点和落脚点都应以学生为本，英语专业的学生也是英语专业教育研究中需要被首要考虑的对象。

随着教育水平的不断提高，近年来的大学入学新生，较之往年大多有着更为优越的英语水平。为了匹配他们对自己英语综合能力提高的需求，高校需要设置更为科学、合理且行之有效的英语课程，让学生能完成更高的学习目标。此外，因为"新课标"基础英语教育的实施，学生大多受其影响而有了更明确的目标定位、学习方法和学习理念，其学习动机也更为充足，这也是他们与以往学生的不同之处。现在的学生学习英语的目的是非常明确的，他们希望通过英语的专业性的学习，提高自己对英语的综合应用能力，特别是听、说的能力，以便于在今后的工作和生活中能有更强的社会竞争力。这是经济全球化、文化多元化的社会大环境所带来的、不可避免的大趋势，因此学生还需要在学习英语基础知识和应用方法之外，更多地了解其他国家、民族的文化和历史，提高自己的跨文化知识素养。也正是因为学生的这些新需求，他们希望能通过高校的教学和自身的努力，成长为既具备英语基础交际能力，又具备跨文化素养的新时代公民。因此在面对这批新时代的学生的时候，主要着眼于他们获取信息、分析和解决问题能力等技能的培养。同时，也要针对学生不同个体的自身情况，为他们选择最合适的学习方法和学习策略，最大限度地挖掘学生的英语学习潜能，全面提高学生的英语学习能力。

现今大学生多是伴随着互联网时代共同成长起来的"信息一代"，甚至有人将他们称之为互联网大数据时代的原住民，他们对于互联网、信息技术是非常熟悉的。随着网络技术日新月异的迅猛发展，以高、精、尖的信息技术为依托而构建的学习观念处于蓬勃发展的状态之中，互联网的高互动性、丰富的知识储备也为学生进行讨论、合作和知识共享提供了十分便捷的平台。

除了课内的学习和交流，学生也可以利用课外的休息时间，通过图书馆、网络自主学习中心等场所开展各式各样的英语学习。例如在图书馆阅读英文小说、在电子阅览室观看英语视频、在学习中心下载各种英语演讲资料，等等。此外，学生也会通过QQ、微信等信息交流软件，与老师和同学进行沟通和交流，这也有利于他们的英语学习。

除了上述这些学习方式，部分高校还开设了英语角、英语学习周、英语文化月等多种英语学习活动，学生可以通过这些活动感受高校英语学习的文化氛围，加深他们对英语专业的兴趣和学习动力。

（二）英语教师

尽管我们在上文中反复强调教学活动中学生的重要性，但我们也不能忽视教师在教学活动中的主导性作用。在现在先进的教学理念中，学生的中心地位是十分突出的，教师作为教学的引导者和知识的传授者也是十分重要的。因此我们在进行英语专业教育的教学改革时，也需要重视英语专业师资队伍的建设。近年来的高校师资队伍的学历层次和专业水平等方面都有了很大的提高，其队伍的规模也处于不断扩大的状态，其中硕士以上学历的老师、海归英语教师占有一定的比例。这些专业扎实、经验丰富、年轻有活力的老师为我国专业英语教学提供了很大的助力。外籍教师也是我国师资队伍中的重要一环,在一些中外合作办学的项目和一些民办的英语特色学校中,外籍教师甚至成为校内英语教学的主力军。

在培养高校英语教师方面,需要根据现在不断升级、革新的教材进行培养方案的调整,让教师在教学理念和教学方法等各个方面都能做到与时代接轨、不断发展。此外,国家对高校教育的重视和相关教育方针的设置都让高校的教学条件变得更为优越,这也能帮助教师更好地进行英语教学,便于教师进行多模态的高校英语教学。

为了高校英语师资队伍的长远发展,部分高校开始对相关教育制度进行完善,并通过教育改革、教育研究、教师专业发展一体化的综合性的团队建设来加强教师的综合素质,提升整个英语教学团队的教育和理论水平。这是因为,现在的教师不再是单纯地"站好讲台"就可以胜任的角色,他们还会参与到教育改革、教材编写、校内特色英语教材的编写等一系列的工作之中,因此这种多元化的教师培养方案是十分有必要的。

在建设相关英语师资队伍的过程中,我们也要注意到,有一部分教师对于专门用途英语课程和职场英语课程是有畏难情绪的。这与他们多年的传统教育经历有关,新的课程设置会让这部分教师出现"水土不服"的情况,他们的相关知识储备也有所欠缺。教育改革对教师提出了新的挑战,要求他们成为学术英语、职场英语的"双师型"教师,这也是未来的教师培养中,我们需要格外关注的问题。

虽然英语教学中"教"的主题必然是教师,但高校教学管理者也应该主动参与到教学之中。在我国先进的高等教育体制之下,高校管理者有时甚至对教学改革、教学课程设置起到决定性的作用,因此对于英语专业的教学改革来说,管理者是绕不开的重要一环。我国的高校管理者是一个较为广义的概念,它既包括教育部、省市教育厅、学校领导、教务处领导等各级各类行政主管,还包括各种指导委员会等学术机构。高校管理者是英语教学改革中的决策者和组织者,并承担着管理职能,他们的理解和支持能让高校英语改革更为顺利、取得更好的改革效果,因此我们将他们看作英语专业教学改革的决定性因素。高校的英语课程管理和课程改革,都离不开校内管理职能部门的支持。

(三)教学内容

英语专业课程的教学内容一般分为英语专业技能课程、英语专业知识课程和相关专业知识课程三种类型，下面我们将对这三种类型的课程进行概括性的介绍。

（1）英语专业技能课程：指的是英语的综合训练课程以及各种基础性的单项英语技能训练课程，如听力课程、口语课程、写作课程、阅读课程，等等。

（2）英语专业知识课程：指的是更强调文学阅读、学习英语语言和文化方面的课程，如英语词汇学、英语语法学、英美文学、西方文化，等等。这类型的课程更强调英美等英语国家历史与文化知识的学习。

（3）相关专业知识课程：指的是与英语专业有关联的其他学科的专业知识课程，如外交知识、经贸法则、法律法规、新闻、教育、科技、军事，等等。

英语专业的教学内容是与时俱进的，因此除了听、说、读、写等传统英语学科必备技能之外，文化素质的培养现在也是英语教学中的重要内容之一。以读、写能力为例，与传统的教学目标不同的是，现在对读、写能力的教学和目标更强调对交流、表达能力的掌握。此外，写作学习也不再是以往的"笔墨"工作，现在的学生可以利用电脑软件对文本进行反复的修改、纠错，等等。

基于现今计算机、现代信息技术的普及，我国专业英语教育不再只以专门的英语教材为教学参考，而是加入了多种多样的教学资源，形成了新的、更为进步的教学内容。

（四）教学媒体

随着大数据时代的来临和电子信息技术的飞速发展，数字媒体在现代教学系统中的作用越来越重要，各个高校的英语教学的条件也因为数字媒体的作用开始产生了巨大的变化。例如，在课堂教学中，老师除了传统的教学用具外，还可以用电脑多媒体等设备播放视频、音频，以此来激发学生的学习兴趣，引导学生更加专注地进行学习。此外，教师还可以通过教学媒体设备将课程内部教程和课外教学资源进行综合性的教学，丰富学生的课外知识，拓宽学生的视野。此外，还能引导学生自主进行网上教育资源的搜索和学习，以方便他们在课后进行进一步的知识巩固。

现在课外的学习平台、非正式的学习已经逐渐成为学生课外学习的主要内容，学生可以利用这些丰富的学习资源、学习工具，如智能手机、电脑、平板电脑、网络自主学习平台等，结合自身的学习需求和发展需要，进行个性化的课后学习。这些便携性高、易上手的智能终端，也能让学生随时随地进行学习，利好好自己的碎片化时间。此外，学生在进行自主学习时难免会碰到难点和有疑问的地方，这时他们能借助微信、QQ等社交软件与老师和同学进行及时的沟通与交流，这大大提高了学生的学习效率。大量实验结果表明，以文字、声音、图像这三种方式综合开展的多模态教学与学习模式能让学生更为积极主动地进行学习。这种多模态的学习方法在英语教学中能起到事半功倍的效果，它能满足学生听、说、读、写等多方面的培养要求。此外，因为多模态学习更为生动、形象的特点，能让学生在进行新知识的学习时减轻其认知负荷，以提高学生的学习耐久性，增强学习效率和学习效果。

为了顺应数据信息时代的发展与变革，各大高校在近年来对自身英语教学的校内基础设施进行了多方面的改善，如普及多媒体课堂教学、建设大学英语网络自主学习中心，等等。与此同时，各大高校还纷纷开始相互借鉴成功的改革案例，结合学校特色建设了具有本校特色的英语专业课程。学校对教学设施、多媒体教学的重视，不仅促进了教学内容更加多元化开展，也保障了新媒体环境下多媒体、多模态的课堂教学，满足了现在最为科学的交互式的课程教学需求，丰富了校园内英语学习的文化氛围。

三、英语课程设置现状

课程设置是教学活动的主要载体，它是指学校根据培养方案和课程内容，制定课程分类、学分分布和教学时长，从而综合成为一个合理的课程体系的过程。由此可以看出，课程设置是当前我国高校英语教学改革中的重要组成部分，也是推动其发展的主要内容。因此各高校要将《高等学校英语专业英语教学大纲》（以下简称《大纲》）作为高校英语教学改革的基本纲领和指导思想，根据自身专业设置和学科特点来建设和发展。其具体措施有：(1) 科学地进行英语专业的课程设置；(2) 系统分析高校人才的具体需求，并按照学生的需求对校内、校外教学资源进行整合和规划，确保不同层次、不同需求的高校人才能有适合他们发展特点的英语学习方案和学习资料，提高他们的英语综合应用能力。

《纲要》与《大纲》对高校的课程设置都提出了明确的改革意见，并对英语专业课程做出了"必修课程"与"选修课程"的区别，所以对我国英语专业课程的分析就从这两方面展示。

（一）英语专业必修课程设置情况

高校英语属于大学必修课程，应该给予充足的学习时长和学分。有学者在2000年和2015年通过问卷调查的方式对全国十多所高校的英语专业课程设置情况分别进行了调研，并对其中设置为必修课程的开设学期时长、学分、学时和课程类型四方面作了重点对比。

第一，在开设学期方面。早在2000年，我国高校英语专业就开设了4个学期的英语必修课程，这无疑是高校英语通识课重要地位的凸显。到2015年，虽然我国大部分高校仍然保持着4个学期英语必修课的课程设置类型，但同时也有部分高校将英语专业压缩到了3个学期的时间内，而在压缩出的时间外为满足学生个性化英语学习的需求，开设了各式英语选修课。第二，学分方面。2000年，高校设置的英语必修学分是16~24；到2015年，英语必修课程的学分拓展到8~24分。第三，课程的学时设置上，2000年，每周设置4~6学时；2015年，每周设置2~6学时。2000年，高校在英语专业课程中设置的学分和学时都比较充足，表明各高校对英语专业普遍高度重视；而到2015年，学分和学时的设置下限都有所降低，但大体还较为稳定。第四，课程类型方面。2000年，受听说领先英语专业教学理念的影响，高校的英语专业课程类型以精读课为主，精读课包括泛读、快速阅读等形式，有的学校在精读课中安排一定的听力教学内容，还有的高校单独开设有听力课，突出交际法；2015年，英语专业课程设置以综合形式为主要特征，例如视听说课程等，有的学校单没有口语课或写作课，重点培养学生听、说、读、写、译的英语综合应用能力。

根据以上调查结果，我们可以看出，在英语教学发展的十多年中，英语作为高校必修课程的重要地位仍是比较稳固的，且有了更好的发展方向。现在的高校英语教学中，已经开始将学生的英语综合应用能力的培养和跨文化交际素养的熏陶，归为教学目标的范畴之中，教师的教学方法也会据此进行相应的调整。但我国高校英语必修课程设置普遍呈现压缩学分

10

学时的情况，而且有部分学校减少英语必修课程学分、学时的幅度还比较大。在课程类型的安排上，现在的高校英语课程仍然以传统的综合英语课为主，英语视听说等课程为辅。此外，大部分高校根据《大纲》的倡议，在校内建设了以计算机技术、信息技术为主体的网络学习中心，旨在让学生有充足的自主学习的机会。部分学校还自行购置或自主开发相关的英语在线学习系统，让网络学习中心的作用最大化。这些高校通过计算机技术对学生在线学习的情况、学习进度、学习效果进行统计和收集，并将其纳入期末考核的评估之中，这对学生自主在线学习是一个有效的监督方法，也能鼓励学生更好地进行在线英语学习。

但是个体学生在招生类型上是有所差别的，因此这些学生的专业发展方向也就呈现出了一定的差异性。例如，有些高校应国际化发展的需要，与国外高校或教育机构合作，兴办中外合作教学项目。在高校学生中，这一类型的学生所占比重并不小，因此高校也要考虑到这部分学生的具体发展需求，为他们设定相应的英语必修课程。重视学生以口语和写作能力为代表的语言输出技能，可以单独开设口语课或写作课，对学分和学时提出高要求，课程门类通常与国际接轨，呈现国际化特色。

（二）英语专业选修课程设置情况

我国的英语专业研究人员、教育从业者和教学主管部门，在英语专业教学上主要有两种完全不同的教育原则取向。其一是将英语视为纯粹的一门专业学科来进行教学；其二是更为重视英语的工具性作用，将其作为其他学习的辅助类学科来进行教学。这两种教育原则取向都体现在我国的英语专业课程设置之中。

将英语作为独立学科进行教学的学校，会在英语学习的基础阶段开设综合英语课程和视听说课程；在英语学习的提高阶段，会以提升学生的英语综合应用能力为目标，开设能力提升类的英语课程，如英语影视作品欣赏、模拟情境交际、英语报刊选读等。我国英语研究学者蔡基刚教授曾对国内65所高校英语选修课程开设情况进行调研和统计，这些选修课程开设的时间均为英语基础课程完成之后，属于提高阶段的英语专业学习，与英语专业的课程安排、课程内容安排已经没有差别了。

近年来，我国大学入学新生的英语水平处于一个不断提高的状态，这与全民英语教育的大环境的作用是息息相关的，也正是因为这种情况，大学的综合英语必修课程所占学期数将逐步减少，英语选修课所占课程将随之增多，这也是之后高校英语课程设置的一大趋势。

上述第二种观点，认为应该更重视英语的工具性作用，这种教学理念认为，英语应当对专业院系的教学起到一种辅助作用，最终目的是培养学生在专业学习和研究中更便捷地使用英语，提高从事涉外职业的能力。持这种教育观念的学校，在英语选修课的设置上更偏向于"用途英语"的课程设置，即会根据校内的专业学科和专业发展方向开设英语选修课。例如，涉外律师行业英语、会计行业英语、建筑行业英语、IT业行业英语、学术英语写作，等等。

这些英语选修课程的设置，是以各个专业学生未来的英语应用为标准进行安排的。以上两种英语教育观点是截然不同的，二者的课程设置偏好也大不一样，但这些都是我国英语专业转型发展的重要尝试。不同的教学理念必将影响英语专业教学的转型走向与发展速度，因此，依据这两种理念，我国高校有以下三种选择：一是坚持为专业学习服务的教学理念；二是采用英语专业的教学模式；三是兼顾两种理念，以一种为主、另一种为辅的教学观念。不同的高校会根据自己的专业特色做出不同的选择。

但现在已经有越来越多的高校选择第三种理念开展高校英语教学，这是经济全球化、文化多元化、英语国际化和教育信息化等多重因素的影响所导致的结果。选择第三种教学理念的高校，会在保证学生英语综合能力的基础上，根据学生的不同专业需求和应用需求，加强通用英语、专业用途英语的选修课程设置。在具体的英语课程设置中，强调通用英语和专门用途英语二者相辅相成、交叉融合，以更好地服务于本校专业人才培养。这是我国近年来高校英语课程设置的主旋律，同时也是因为学生个人能力的不断提高、个人需求的加强。针对学生的这些具体发展需求，结合英语国际化的社会需求，现今高校的专门用途英语的培养已经成为高校英语改革的重中之重。

四、大学英语教学改革的现状

自2002年教育部开始新一轮大学英语教学改革以来，中国大学的英语教育发生了重大变化。新的教育技术不断被应用，新的教育理念正在不断实施。可以说，大学的英语教学改革在全国范围内都在积极进行。这是许多英语教师努力工作的结果，同时，高等教育也需要高等教育主管部门的大力支持。然而，我们需要一个过程来补充新的教育原则和模式。中国各大学英语教育改革的现状，主要从政策制定、实施效率和教学过程等方面对进行说明。

（一）政策制定适时与不足并存

在2002年刚刚开始的英语教育改革框架内，已经进行了一系列的改革，这一战略的制定和实施不仅仅是为了满足社会的需求，也是时代需求的补充和反映。但是，另一方面，大学的英语教学改革比以前的任何一次教学改革涉及面更广，任务更艰巨，因此存在一些不足之处需要进一步探讨和解决。

大学的英语教学新一轮改革正在适应时代的要求。换句话说，它的出现是随着教育大纲的提出，实施示范项目以及传播多媒体教育。具体来说，自2002年以来的教育改革，一改过去强调阅读，开始培养学生的整体应用技能，尤其是听力和口语技能，使他们能够在未来的工作和社会互动中有效地进行英语口语和书面信息交流。训练学生的听力的原因是中国加入世界贸易组织（WTO），全球一体化的速度正在加快，而且无论是学生还是在职成年人，国际交流都变得越来越频繁，无论是学生还是成年人，都渴望提高他们的听力能力。这种政策转变似乎正是为了与时代发展的要求相呼应。

与教学目标变化密切相关的是大学英语教育不再设国家统一的的教学要求。这是因为中国地域辽阔，教育水平参差不齐。当学生进入大学后，他们的英语水平、文化素养、目标和专业需求可能会有很大的差异，由于大学专业和教师水平的差异，以及行业和用户对英语人才的需求差异。统一的教育思想是不经济的，也是不科学的。考虑到地区和学校的差异，让工作和学生做出统一的学习需求是不现实的。新颁布的《大学英语课程教学要求》对英语教育的新要求并没有制定一个统一的标准。而是设定了"较低要求、一般要求、较高要求"三个层次。学校可以根据自身的实际情况，选择完成教学要求，体现了政策的人性化、个体化。

另一个阶段是强调培养学生的自主学习能力。卞树荣（2007）指出，这一领域已经取得了进展。第一类课程过分强调学生的语言学习，忽视了教学方法，学生不能有效自学。在2002年通过的《大学英语课程教学要求》中明确提到"大学英语教学以英语语言知识和应用技能、学习策略和跨文化交际为主要内容"。从传统的语言知识到学生的发展和自我发展，这一政策的内容与这一思想是一致的，符合终身教育要求与现代社会发展的趋势。

为优化大学英语教育改革，教育部于2002年建立和改革了180所试点学校。这个计划的重点是实施新政策。教育部已经进行了几年的实验和详细的评估。2006年，教育部从180所高校中挑选了31所高校作为改革示范单位。

在英语教育改革中，建立实验和试点高等教育机构既能深化教育改革，又符合专业发展的规律，还能让一些教育水平较低、改革机会有限的大学，可以设定自己的职业发展方向，这是教育改革发展的产物，体现了改革的需求。

自2002年以来，新一轮大学英语教学改革比以往任何时候都更深入、更广泛、更强，但也存在一些不足之处。首先，充分考虑到我国不同高校在教育资源、学生入学水平、社会需求等方面的差异，教育部在2002年新颁布的《大学英语课程教学要求》中指出："各学校要根据实际情况，参照《大学英语课程教学要求》，制定科学、系统、个性化的大学英语教学大纲，指导本校的大学英语教学。"这给了各高校更大的能动性，可以根据实际情况来对本校应该达到的教学目标进行规划，但问题来了，是不是每个学校都具备这样的能力呢？学校该如何界定大纲是否合理，也是需要教育部门解决的紧要问题。

新课程的另一个缺点是大学英语教师的培训缺乏明确的标准：英语教师面临着学术水平低、科学技能低、工作量大的问题。大学英语教师的学术结构不合理，教育学、心理学、学习策略、计算机及网络等方面的知识不足。为了大学英语教育改革的成功和深化，必须重视对高校英语教师的培训工作。但是由于教师自身水平和能力的限制，很难完全执行教育部规定的各政策。这也是现行教学大纲（《大学英语课程教学要求》）的一大不足之处。

（二）实施效率存在误区

具体来说，当前的大学有忽视培养大学生读写能力的倾向。多媒体工具，互联网和其他教育形式的引入和社会对大学人才的需求导致课堂的重点放在培养学生的听、说的能力。因此，强调阅读和写作技能并不会削弱阅读和写作技能。大学英语教育改革的周期与语法技能的发展有关。在大学里，笔者认为语言教育的目的是交流。如果学生只会表达自己的思想，那么语言教育的使命就完成了。语言的准确性并不需要太多的代价。准确和自由同等重要。在培养学生的交际能力时，有必要采用交流语法的教学方法。在当前的大学英语教育改革结构中，存在着过度依赖先进技术的趋势，如多媒体、网络等。作为一种手段，现代教育技术，如多媒体、互联网等，必须是人们可以使用的重要工具。学校引进了新的英语教学风格，多种多样的教材，取得了全面的成绩。教育事业取得了举世瞩目的成就。大学为大学英语教育和人才培养做出了积极贡献。我们还要充分发挥外语课堂教育的作用。我们不能急于简单地引进一种新的多媒体教育模式。

（三）教学过程呈机械化倾向

所谓机械化训练倾向，主要是指以机械训练代替教学中丰富的教学任务。主要表现在三个方面。

1. 英语教学过程不重视主动学习

传统的教育观觉得教学过程是单向的知识传授。如今教学过程是教与学统一的过程。

这是因为我们逐渐认识到，教师可以传达他们所教的内容，并让他们掌握这些本质特征。但是这个过程并不是传统意义上的满堂灌，学生直接拿来就可以。而是学生主动积极地学习、独立思考。这并不是说教师在教学中就处于被动的地位了，教与学在教学过程中同等重要，二者相互联系，彼此依赖。

2. 英语教学活动中教育意义的欠缺

英语教育的中心目标是丰富学生的英语知识并形成英语技能，使学生具有参加英语活动所必需的知识、技能和能力。但是，英语教育过程不仅是任务，而且是教育过程。学生在英语课堂除了学习该学科的知识和技能,同时也要增加对该学科的独特见解,并形成对社会对世界的基本判断和基本价值观。这些是所有学科教育共有的教育目标,英语教育也不例外。在英语教育中实现教育目标并不是在教或传授英语知识或技能中引申出来的,而是在开展教育活动的过程中对其进行培养、灌输的。换句话说,学生在教育中采用的学习方式会深刻影响他们的态度和个性。如果学生从老师那里收到知识,被动地进行知识机械模仿、死记硬背,那么长此下去,就会成为一个盲目的追随者和被征服的人。反过来,如果能引导学生自己、激发学生积极探索的精神,就可以给学生培养出积极向上的心态,使他们信任自己解决学习任务和发现知识的能力,培养以独立、创新和友好的方式实现目标的态度和个性,并形成顽强的意志和人格。

在当今的英语教育中,认知目标和教育目标之间的分离状态很普遍,其中一种就是直接忽略了教育目标,针对英语的知识和技能,使学生模仿学习,熟练地进行重复训练和觉得只要学生掌握英语的相关知识和技能,考试成绩不错就行。老师担心的是,如果在教室里对学生进行教育,他们的学习进度将被延迟,他们将无法完成自己的教学目标。这些老师中的许多人觉得,课堂教育就是在课堂上利用一定的时间来讲一些与思想道德有关的知识。

无论是删除还是添加教育性目标,都不是真正意义上的教学中的教育。只有将所传授的学科内容及内在于其中的教育价值开发融于学习活动本身,才会产生教育的效果,这才是教学中的教育。

3. 语言知识掌握过程中弱化理解与思维

在英语教育中,英语是发展英语、发音、阅读、写作和文化技能的基本前提,所以老师非常重视这个问题。知识的概念是什么？英语知识不仅包括相关的事实和现象,还包括英语的特质、相互间的关系和语言规则。因此,在教授英语的时候,我们不仅需要了解它的信息,而且在关系和语言规则上,我们也要掌握,并把它转化为学生自己的理解,让学生能在生活中灵活运用。因此,在学习英语的过程中,学生应该通过比较和分析来加深对英语的理解。在英语学习过程中,学生的感知和认知过程是独特的,应该积极主动地学习,把思维打开。

如今,提高学生英语学习的主动性已成为英语教学的主要倡导方向,并得到了大家的认可,课堂教学也因此发生了许多变化,如英语课的重点是强调与生活的结合,让学生回答开放式问题,并结合生活情境,给学生提供小组活动的空间。毫无疑问,知识与生活的世界是联系在一起的,学生可以充分参与学习活动;这些都只是学生积极参与学习过程的第一步。

第二节 大学英语教学的发展趋势

每个人都出生在一定的社会文化环境中,如家庭、社区、社会阶级、语言、宗教,并最终建立起许多社会联系。孩子所处的社会环境会影响他的思维和行为。通常很难预测个人对这些影响的反应或这些影响哪一部分对人们的影响最大,但不可否认的是,语言和交流是人类经验的核心。

一、三维关系中定位英语教学的当代使命

(一)我国当前社会背景下英语教学的时代使命

今天,时代的发展和社会转型中,可能无法详细说明这个时代精神特征的各种层次和维度全球化、自主化与多元化三个特征是显而易见的。

1. **全球化**

随着科学技术的发展,人与人之间的距离逐渐缩小。21世纪的社会是交流不断加大的社会。不同的国家和国家之间不仅是竞争,也是相互依存的关系。有些学者称这种社会为综合的国际社会。外语教育是粘合剂。这个时代的国际交流模式是中国确立现代外语教育目的的基本背景。21世纪外语教育的使命之一是促进国家之间的友好合作。不仅要继承中国优秀的文化传统,也要吸收外国文化,学生通过外语学习丰富自己。

2. **自主化**

与过去30年中国社会生活的变化相比,社会给了人们更多的自由。人可以自己编写自己的人生脚本,而不是扮演别人分配的角色。我们都面临着塑造自己或者重新塑造自己的这样的机会,甚至是挑战。我们的生活并

不完全是生物遗传或命中注定的。如果我们愿意的话，我们可以把我们的人生变成杰作。❶

3. 多元化

当代外语教学的主要目标是让学生掌握外语文化，在外语学习过程中形成语言交际能力。由雅克·德洛尔主持的21世纪国际教育委员会向联合国教科文组织提交的报告《教育——财富在其中》，本文分析了人类共同生活中的冲突，指出21世纪教育解决人类冲突的使命是"帮助学生理解人类的多样性，理解地球上所有的人具有相似性、是相互依存的。因此，从幼儿阶段，学校就必须利用各种机会进行这种双重教育。有些科目特别适合这种类型的教育：从基础教育开始教授人文地理，晚些时候教授外语和外国文学"。

当前，我国正处于时代发展和社会转型中。多元文化主义的问题不再是一个用几行文字和文件表达的理论，而是一个真正的问题。未来，如何适应多元共存的环境，培养大学生不迷失在瞬息万变的诱惑中，是学校教育的基本使命之一，也是政府和学术界关注和思考重要问题。目前，我国大学英语教学不仅致力于提高学生的多元文化生存素养，还花费了大量的时间精力来提高学生的沟通能力。为此，英语课程是重要的知识来源。英语课程改革顺应了现代社会的需要，为学生提供了丰富的语言交流机会，获得了恰当的交际方式，促进了思维的发展，为他们进一步认识世界、适应社会打下了良好的基础。

（二）语言与文化视角中英语教学的文化使命

很长一段时间，外语教学一直都是对学生学习英语语言形式特别看重，反而是语言内容的重要性没有怎么被引起重视，这是语言形式和语言文化内容的完全分离。特别是在语法大纲主导的年代，许多教师严格遵循语法操作系统的指导方针，很少注意开发外语教学内容的价值。20世纪60年代，外语教学领域倡导认知方法，开始重视促进更有意义的语言的使用和创造。但是，这种方法更加注重机械语法训练，学生在真实语境中使用外语的时间仍然很少。

---

❶ 叶澜. 新基础教育论——关于当代中国学校变革的探究与认识[M]. 北京：教育科学出版社, 2006: 201.

20世纪70年代，在外语教学领域开始了交际语言教学法，开始关注学生的学习需求和沟通的性质。

这种外语教学方法在世界许多国家非常流行，并逐渐改变了外语教学的概念。人们对外语的理解不仅是语言知识，而且是一门关于文化的学科。教授这个科目应该有效扩大学生的文化知识和视野，将语言内容的学习纳入外语教育。

今天，教育学生健康和正确的文化意识和观念已成为所有教育领域的一个共同问题。作为了解外国文化的一个重要工具，英语教学具有更独特的价值。

（三）青年成长中英语教学的育人使命

英语教育的改革应该实现人的发展价值。现在，人们越来越深刻地认识到语言在人的精神发展中的重要作用，其中，语言和思维的关系经常受到关注。随着素质教育的发展，我们国家也越来越重视英语课程在培养学生素质方面的任务。比如新世纪我国《英语课程标准》指出："英语教育应与其他领域合作，以促进学生质量的整体发展，提高学生的人道主义品质，提高学生的实践能力和创新能力。"目前，大学英语教育致力于解答的一个主要问题是将育人价值落实到不同年级段的教学任务中。

二、当代英语教学的育人价值观

随着英语教育改革的发展，对中国英语教育的目的和教育价值的理解逐渐提高，从聚焦于语言知识的学习，到同等重视语言知识和语言技能，最后到帮助学生掌握语言技能和综合性语言素养，并在新世纪新课程新阶段推进新课程改革，逐步与国际接轨。英语课程改革与课程大纲的基本精神一致。站在学生发展的角度，打破了语言观对英语教育的影响。这些都在过去的二三十年在我国的英语领域取得了很大的进步，对我们丰富对英语的认识有促进作用。在此基础上，结合实践探索，形成了现代英语教育的育人价值。

（一）语言知识的教学价值（包括英语语音、词汇、句型、语法等知识性教学对于学生的发展价值）

以前，都是以语法大纲为主导，语言知识通常被理解为包含发音、词汇、语法等内容。但是，随着英语功能型大纲的实施，语言知识通常被理解为包括语音、词汇、语法、功能和话题等方面，特别是功能和主题的补充，让英语知识的社会语言功能和意义功能得到重视，但是因为话题和功能的意义被过分突出，中国学生学习英语的发音规则、词汇规则、语法规则的价值反而被削弱了。

一方面，今天大学英语教育认同语言知识的理解应该包括功能和话题。但是，中国学生要把英语作为外语来学习，就必须注意如何了解英语的发音、词汇、语法的特点，这样学生就不能忽视学习英语的效率和一般性。从语言水平来看，语言和演讲有两个方面。前者包括语音、语法、语义、语用、句型和词汇，后者包括听力、口语、读写、交流等功能。前者是强调语言能力的构成，后者是强调语言的表现；前者是很有规律的，后者是经常变化的。

现在有一个激进的想法，你不需要学习语法，只要学习功能要素和句子模板就可以。事实上，英语本身是一个通用的特点，语法模式和规则。所谓的交际功能不是新的开始，而是基本语法功能的演化。所谓的交际沟功能只不过是基本语法功能的演化。学英语时语法是必须要掌握的，但不要拘泥于语法。我们不应该把重点放在语法概念和语法分析上。学习语法主要是掌握单词、句子、文本或语篇的结构特点和规律，各种结构的关系和转换，特定结构的意义和功能，或特定意义和功能的对应结构。语言的其他方面，如语音和词汇的学习，也应采取灵活的学习方法，学习活的语音和词汇不死抠孤立的单音，不死记孤立的单词。这样的学习，就是以语言学习为手段，而以言语学习为目的。

通常可以从以下四个方面看出语言知识教学的育人价值。

（1）要重视学生主动建构知识、发现知识规律的过程。因此，教师不应该干涉学生所能做的一切。教师的作用是创造一定的环境，引导学生发现语言的内在规律，进行创造性的学习和应用。教学要有挑战性，否则很难激发学生的学习兴趣。

（2）注重课堂教学中主要话题贯通全过程，在教育过程中推进语言内容和语言形式的统一，在英语教育过程中意义化和言语化的内部统一，避免了传统上只顾语言形式的机械学习，忽略了语言的意义，或者注意到语言的内容，忽略了语言形式，最好的方式应该是二者结合。

（3）语言知识教学的顺序是理解、记忆和使用语言规律。这是一个螺旋式的过程，它也提示了它的进展。它反映了与学生认知水平的发展相对应的水平、逻辑和进步的发展过程。

（4）语言知识教学对发现式的学习十分提倡，鼓励学生在开放性教学过程中，把学习的主动性激发出来，主动去发现英语学习规律，在主动探索的过程中对英语的语言规则有一个实质的理解，然后在生活中活学活用。

（二）语言技能性教学（主要包括听、说、读、写）的育人价值

听、说、读、写对于中国学生的语言能力的培养有同等重要的价值。不能无视读、写对中国学生学习英语的重要作用，也不能简单地放弃。为什么这么说呢？因为相比英语，中国学生早接触汉字很多年，汉字是音足型。学习汉字的时候，习惯首先从汉字的视觉理解和记忆。如果学习英语的时候只注重听、说的方式来理解和记忆音、形，不仅不能充分发挥学生原有的原型学习优势，又不能遵循中国儿童的记忆策略，会大大降低学生的学习效果。总的来说，有些老师发现有些孩子英语说得很流利，但书面阅读却很难达到同一水平，原因之一就是教师忽视了培养学生的阅读和写作能力。

在这一观点的基础上，现代英语大学教学改革的理念具体理解为："听"和"读"是接受性学习，但未必是被动学习；"读"和"写"是外向性学习，也不一定是主动性学习，取决于学生在学习过程中的状况。我们的具体处理方式如下。

1. 听的教学

学生强调必须从多个层次的教学过程中把握语言教材：听懂关键词，掌握主要内容与情节，抓住中心思想。其目的是根据上下文来推测特定语言的意思和重要信息，培养学生根据整个情节来推测语言思想的能力。

2. 说的教学

注重学生能够根据所学词汇、句型、语法和文章内容规范、灵活地表达意义，以实现语言学习内化与外化的双向结合。

3. 读的教学

它包括有声读与默读，精读与泛读，读词、读句与读篇等。读的类型不同任务也会不同。

4. 写的教学

不是为写而写，而是强调学生通过"写"掌握拼写、标点与大小写等基本写作知识；运用已学词汇与词组，培养逻辑思维，学会用英语组织段落与表达主题的能力。

（三）学习能力的养成价值

在英语教学改革中，我们在培养学生的知识和技能的同时，也要注重培养学生的英语学习能力。知识是能力的基础，能力是知识应用和发展的基础。两者对学生的成长有不同的价值，但二者不对立，是相辅相成的关系。

在教育方面，很多人受交际法的影响，认为培养学生的外语交际能力是最主要的。我们认为，这种感知局限于认知层面，即把语言作为一种交流工具。从学生的角度看，培养学生的思维能力、自律能力和学习协调能力是学习的良好基础。具体分为以下几个方面。

1. 培养学生思维能力，尤其是创造性思维能力

这是当代大学英语课堂教学价值追求的特色。在英语教育中，学生积极健康发展的关键是要把他们的思维激活。从观察、分析、实践中可以看出，无视学生在英语教育中思考能力的发展的现象普遍存在，但是却没有受到学校指导者、教师和学生的关注。在英语教室上课的学生的学习活动大多是模仿、记忆、机械实践，很少有人主张培养学生积极的思考能力和疑问能力。即使学生根据在语言实习中学到的知识灵活使用正确的同义词，教师也不会给予肯定，而是要求学生使用教师指定的词汇来表达意思。在课程过程中，只强调在指定的授课时间教语言重点，较少让学生思

考总结学习外语、使用外语的规则方法，摸索适合学生自己的学习战略和方法。在教育方法改革中，有些教师使用了外部刺激的奖品等，想刺激学生的思维，使课堂气氛活跃起来，但是效果往往不理想或者不持久。一些教师注重学习过程的逻辑和层次，注意培养学生的思考技能，这是创造性思维的第一步。逻辑思维是基本思维，批判思维和创造性思维是创造性思维的能力，以及新时代要求人们具有的重要思维能力。因此，如何在英语教育中培养学生创造性思维技能已成为最重要的问题之一。

也有人觉得用英语教育来培养学生的创造性思维是行不通的。他们觉得所谓创造性思维，意味着学生需要创造英语本身，当然是不可能的。所谓创造性思维能力的培养，主要是指在教育过程中创造特定的教育条件，在学习过程中刺激学生进行联想、推测、创造性的学习，这些侧面是学生创造性思维的具体开发过程。比如：在英语教学的导入环节中，我们通常用带有想象空间的展示图片或提出开放性问题，目的是激发学生的想象力。在教学过程中，我们提前以问题的形式提出问题，为下一个教学环节做好准备，让学生充分讨论并遵循教学主题后的情节进行大胆思考。这样，学生就可以努力调动词汇进行表达练习，从而在不知不觉中培养和提高创造性思维能力。同时，也使学生因答案不同而相互启发，促进了学生之间的互动。但如果没有鼓励学生进一步思考并探索英语的学习规则和战略，学生的兴趣和教室的氛围如果不从提高学生思考能力的深度来考虑的话，学生就会变成只能回答老师提问的"机器人"。语言操练没有达到既定的教育目标，学生对英语学习的兴趣无法持续。

2. 培养学生在理解学习策略基础上的自主学习能力

目前，国家课程标准并没有明确提出将自主学习能力作为培养目标，而是将学习策略列为英语教学的培养目标之一，并从认知策略、调控策略、交际策略、资源策略四个方面对学习策略进行了划分，每个部分都有不同的内涵。在英语交际活动中，交际策略一般指学生对什么时候开始对话、什么时候结束会话、怎样结束会话的了解。它强调的是人际交往策略，而不是英语语言使用策略，这并不是英语学科的独有的或突出的价值。另一个例子是课程标准中提到的"认知策略"，也是相对模糊，难以实施。实际上，学习策略只是学生学习的方法，然而，自主学习能力不仅仅是一种策略，它主要是指学生在借助工具书和相关学习材料学习英语的能力，所以学习策略只是自主学习能力的基础和组成部分。

3. 培养学生合作学习的精神和能力

两两合作、小组学习和全班互动交流是在开放、互动的课堂教学中，英语教学最常用的、也是比较有效的学习方式，然而，学生在两两合作、小组学习和课堂交流中的互动能力并不是自发形成的。它需要在教师有意识的引导下逐步形成。否则，课堂教学互动可能只是形式和表面的，不能达到有效、全面、优质的教学效果。因此，仅仅把合作学习理解为一种精神是不够的，还需要在能力意义上加以培养，这也是英语教学中大量语言交流练习的独特价值所在。

不过，并不能肯定地说，采用两两合作、小组合作等学习活动的课堂就能完全保证学生能养成合作学习的习惯。两两合作、小组内合作学习这种学习形式对学生之间的关系也有很大的要求，大多数时候，学生在不愉快的小组内合作学习，学习效果反而比不上独立学习。真正意义上的合作学习，是指学生能够关注同学的言行，向同学学习，乐于帮助同学，共同思考；与周围的同学多交谈交流，参与辩论，提出建议，提出问题；与同伴一起完成任务，比简单地将学生个人的想法加在一起能产生更好的效果；当他们需要帮助时，他们会找到合作伙伴；允许每个学生代表小组发言；能够相互合作，为小组的收获努力参与的能力。对此，有点学者认为合作学习本质上应该包括四个具体内容：一是积极依赖能力，这是合作学习中最重要的概念。二是承担个人责任，这意味着每个参与者都要对团队的学习和成功负责，小组学习的成功取决于每个成员的努力。三是积极互动的能力。四是平等参与的能力。

综上所述，不管是哪种学习能力都不是天生就有的，而是需要后天努力培养的，但是市场上很多所谓的学习机构所说的培养合作学习其实还仅仅是流于表面的，只是形式上的，并没有真正考虑学生的需求，而实质上的英语学习合作能力是需要有意识地、有计划地培养才能养成的。

三、现代多媒体技术在大学英语教学中的应用

（一）多媒体技术的发展及其在教育学中的应用

1. **多媒体的内涵及其发展**

（1）媒体与多媒体

媒介是人与人之间信息交流的媒介或载体。多媒体是指人类通过技术手段接收到的文本、图像、图形、声音、动画、视频等信息的传输。由于信息、表达和传播的局限性，在人类社会漫长的历史长河中，人们试图通过信息的重叠、对比和回声，将各种媒介结合起来，加深公众的印象。例如，信号只在眼睛里起作用，吃喝只在耳朵里起作用。商店经常使用招牌和餐饮招牌来吸引生意，并使用乐器、旗帜和图像等辅助媒体。之后，影视的出现，让人们同步接收声音和图像，直接颠覆了人们接收信息的方式。

（2）多媒体的历史

现代意义上的多媒体技术是在计算技术发展的基础上，利用多媒体组合技术来传播信息的技术。20世纪80年代，声卡的发展取得了成功，计算机也具备了处理音频的能力。此时，多媒体技术应运而生。1988年，电影专家组的成立对多媒体技术的发展起到了重要作用。20世纪90年代以来，随着硬件技术的逐步提高和各种多媒体软件的出现，一个新的多媒体时代已经到来。

（3）多媒体的现状

今天，多媒体技术影响了我们的世界，包括集通信覆盖、计算机交互和电视真实性于一体的视频会议系统。将计算机图像处理技术应用于虚拟现实环境，将模拟、显示系统、检测技术、其他设备技术集成，以仿真形式向用户呈现真实的三维图像环境，并通过特定设备向用户提供三维交互的用户界面。超文本合并声音、文字和图像以完全显示信息的所有类型。家庭视听娱乐、数字多媒体传输和存储，使电影、电视、视频游戏的画面更具冲击性，场面更生动，感受更强烈。

（4）多媒体的发展趋势

多媒体今后的研究主要集中在数据压缩、多媒体建模、相关信息组织和管理、多媒体软件和硬件平台、虚拟技术和多媒体应用开发上。网络技术与计算机技术的完美结合产生了交互多媒体，这也将成为21世纪多媒体发展的方向。交互式多媒体的优点是可以从网络上选择、接收和发送信息。

2. 多媒体在教学中的应用

教师在教学过程中，为了提高教学效果，经常会不自觉地使用多媒体如在话语讲授的同时，使用实物、挂图等教具，甚至通过实地考察来加强教学效果。20世纪80年代以后，幻灯片、投影、录音、录像等各种各样的电子媒体在课堂教学中渐渐被使用。多媒体教学也被称为多媒体组合教学或电化教学。与传统的非电子方法相比多媒体教学是一个很大的进步，但是这种教学方法仍然存在一些不容忽视缺点，比如方式单一、互动性不强。在以计算机为基础的多媒体技术登场后，在20世纪90年代迅速被引入教育领域。不仅成为教育交流的焦点，也进入了语言教学中。多媒体技术的普及是一项重要的技术支持。这是因为多媒体技术具有如下特点。

（1）集中性

多媒体的应用可以通过多通道获得知识并保存。通过这个功能，可以实现教材的集中化，选择进行教养和辅助教育的图像、单词、声音等各种有效的信息形式，让信息传达和知识更新更高效和实用。

（2）控制性

多媒体技术以计算机为中心，具有强大的计算能力和处理能力，并根据人们对知识和信息的要求以各种形式显示，并对信息接收者的感官产生影响，可以大大减轻教师的教学负担。

（3）交互性

传统媒体只向一个方向传递信息，只能被信息的接收者被动地接受。然而，多媒体技术在发起方、接收方和观看方之间执行信息响应。多媒体教学技术的运用是一个师生双向交流的过程，完全改变了以往的教学模式。

（4）非线性

以前，为了整理信息，人们常常按照特定的逻辑采用篇、章、节的结构。读者可以根据作者的逻辑逐步获得知识。多媒体技术借助超文本链接将内容分组变得离散、立体。听众可以更加灵活地按需接受信息，可以自己整理信息。这对学生自主学习和探索精神的培养有很大的帮助。

（5）实时性

因为多媒体可以实时显示在用户界面上的信息，方便用户实时搜索和操作多媒体信息。说明多媒体技术具有很强的实用性和便利性。运用到教学中可以帮助师生随时发现问题并解决问题。

因为多媒体技术的实用性高，所以被应用于授课。通过多媒体教学的方式，结合现代传媒教学的特点和教学方法，形成一个良好的教学流程和教学方法，使学生在教学过程中更好地参与到多媒体教学中，最终实现教育的最佳效果。多媒体教育是一个全新的教育概念，可以让教师和学生在多媒体环境中共享知识。随着多媒体的发展，多媒体教材的使用也越来越广泛。更重要的是，多媒体的使用使教师和学生的视野更加开阔了。教育是一个知识传播、个人成长和社会发展相结合的过程，多媒体技术作为一种新的教育概念，改变了传统教育的刻板思维和形式，更能适应现代教育的发展。

（二）大学英语教学与多媒体技术

多媒体技术被广泛地应用到教育教学中，大学英语教育的特点是高度的适应性和对多媒体技术的高度依赖性。大学英语教育的本质是第二语言的习得，而语言的习得过程往往是一个涉及多个大脑区域的过程。比如，在最基本的单词记忆中，我们都有这样的体会：要记住一个单词，最好的办法就是眼睛看着单词，嘴里读着单词，同时手上写着单词，接下来就是在日常生活中使用单词。其实，这是一个多媒体的结合过程。单词的记忆在继续，更不用说句子、段落和章节的学习以及听力、言语、阅读和写作的全面提高了。因此，要引导学生有效地学习英语，快速灵活地使用英语，就必须注意有机结合和多种媒体的运用。而且，多媒体的应用可以让大学生对学习英语更感兴趣，起到事半功倍的效果。

1. 多媒体技术在大学英语教学方法中的价值

在传统的英语教学方法中，由于技术手段和教学理念的限制，教师只能使用相对单一的媒体，如口述、写黑板、播放磁带等，因此在教学方法上有很大限制。在以单一媒体为焦点的教学方法上进行更新的空间非常小，想要充分发挥教学的优势是很困难的。多媒体技术的应用不仅可以强化和简化传统的教学方法，还可以为教学方法提供更多的可能性。所谓多媒体技术，就是强化和简化传统的教学方法，利用多媒体技术让教学的内容更清晰、更生动、更形象。所谓多媒体技术，意味着教师可以借助多媒体的灵感或在多媒体的灵感下创建更多的英语教学方法，并通过超链接连接多个知识点为教学提供更多的可能性，提高知识系统的稳定性，使学生可以通过视频深入学习内容，加深学生对教学内容的理解，让学生通过网络直接进行英语交流。多媒体技术不仅将各种各样的媒体相结合，还将教科书里的知识和教科书外的知识连接起来，拉近学生与社会知识之间的距离，减少教学方法的限制，直面更多的知识领域。

2. 多媒体技术在大学英语教学环境中的价值

《孟子·滕文公下·第六章》中讲到"一傅众咻"的故事：孟子问戴不胜："楚国有一位大夫，想找个老师教他儿子学说齐国话，你觉得他应该找楚国的老师教，还是找齐国的老师教呢？"戴不胜说："学生觉得齐国的老师更合适。"孟子说："找一个齐国的老师来楚国教他学习齐国话，这看似成立，但是他周围的人都还是楚国人，说的也是楚国话，在这种语言环境下，即使你天天逼着他学，也不可能学会齐国话。如果带着他的儿子去齐国，在齐国住上几年，和大街小巷的人打交道，即使没有老师天天教他，耳濡目染，他也能学到一些。"

这个故事充分表现了学习语言时，语言环境的重要性。为了获得和提高语言能力，需要在合适的语言环境中多实践和训练。传统的英语教育，教育环境的真实性上存在不足。英语不是我们的母语，在我们国家英语的使用还不是很普遍。英语学习都是依靠教室里教师的讲解和听磁带，在这样一个简单而抽象的英语教育环境中，很难唤起学生对英语学习的兴趣，因此很难从实质上提高英语的交流水平。学习英语时，多媒体技术和网络应用可以将文本、图形、视频、音频等多种形式的学习内容在课堂上结合，课后可以收听纯正的英语或观看与英语相关的视频，通过多种多媒体英语活动身临其境地参与英语日常使用，强化英语学习环境的似真性，扩大语言接触面，提高学生的语言应用能力。例如，在课堂上，教师利用多媒体技术对书中描述的不同场景进行建模，让学生对不同的情况做出反应。即使放学后，学生也可以单独或小组学习，通过适当的互动课程创造学习条件。在这些虚拟环境中，学生的学习兴趣不断提高，学习效率和解决实际问题的能力也在不断提高。

3. 多媒体技术在大学英语教学理念中的价值

多媒体技术不仅改变了英语教学的方式，也改变了大学英语教学的观念。新技术包含新思想。新技术不仅促进了各个领域的发展，而且打破了许多条条框框，使人们对世界、社会和人格有了新的认识，并使人们的观念发生了重大变化。这种观念的转变不仅是对大学英语学习观念的启示，也直接反映了大学英语学习观念的更新。第二，新技术为新概念提供了坚实的基础。如果要把新的教育理念转化为教育实践，就应该以新技术为载体，新概念的实现离不开新技术的支持。大学英语学习中多媒体技术观念的更新主要体现在以下几个方面。

（1）创新集合式的理念

多媒体技术融合到符号、语言、文字、声音、图形、图像等各个方面，并聚焦于接收器的各个方向。学习英语是一个多感官整合的过程，以提高理解和记忆，优化多媒体技能。传统的教学方法、丰富的教育内容和更为排他性的媒体教材并没有引起足够的重视，也没有采用切实可行的方法将媒体纳入主流。同时，多媒体技术不仅使多媒体教育成为现实，而且开辟了群体教育的新领域，使教师能够使学生调动各种形式的感官体验，提高学习兴趣。

（2）创新相交式的理念

语言教育最重要的是教与学的双向交流。在传统教学中，学生主要依靠的英语学习渠道是老师的教学。随着时间的推移，为了增加知识的输出，在许多情况下，教师必须采用灌输的方法。学生被动接受信息，然后在课上和课下对知识进行消化和融会贯通。多媒体和互联网的普及，增加了人们学习英语的机会，扩大了学习英语的机会，教师不再是英语的主要传播者，而是可以花更多时间与学生交流的导师和助手。同时，多媒体教育本身就是一个人机互动的过程，这种模式不仅能充分发挥机器的作用，还能提高人的主观能动性，让教育者认识到学习的主体应该是学生。学生与教师通过多媒体技术进行对话和学习，可以使课堂教学的氛围更活跃、学生的学习更自主，减少课堂的压力，提高课堂教学的效率。

英语学习的本质可以通过积极的研究、改进、回答和自我控制来感知。教师根据学生的疑虑和意见，识别和纠正学生的不足和顾虑，使单向的信息传播成为双向的信息交互系统。

（3）创新非线性的理念

传统教育注重循序渐进，注重书籍和课程的内在逻辑，但这种逻辑导致了书籍和课程编辑主体的加强。当然，这与学生的实际教育水平和习惯不符。特别是语言学习不只有一种学习方法，而固化的学习方法，消除了学生的个性和学习的多种可能性。同时，在许多情况下，线性过程本质上把知识点简化为一条线，这不一定与知识本身的网络结构完全一致。本质上仍然教育者为主体性，体现了教育者居高临下的姿态。

然而，多媒体和网络对于信息的碎片化是非常重要的，通过超链接的信息分发是顺序连接的。内部逻辑可能并不清晰，但反映了网络、语言学习尤其是语言学习的三维结构。为了备课，教师可以对信息进行选择、处理和组织，将其作为软件分发，学生选择适合自己的，避免了以往信息缺乏和学习方式的单一，大大提高了学习效率。

（4）创新网络化的理念

语言学习的基本目的是社会交流，主要的方法是社会交流的实践。但是，传统的英语教学使学生主要为通过考试而学。学习主要通过阅读教科书、背诵课文、听写词句等方式进行，很少有机会和别人交流。这种教育方式与英语学习的根本目的和主要途径是完全脱离的，因此很难提高学生的学习积极性，这也是造成中国式英语、哑巴式英语的根本原因。多媒体教育和网络教育在学生和学生、学生和教师之间形成了英语学习网络，扩大了教室和课外、学校和社会的网络建设。教室里的学生没有和老师和同学单独接触，而是多线联系。因此，教育突破了时间和空间的界限，从今天的互联网上可以获得以前只有在校园才能获得的知识。从更宏观的观点来看，学生不再局限于本国，而是可以通过聊天软件、网络视频、多媒体数据流等从世界各国接收信息，通过网络实践来测试语言交流水平，网络化教学所蕴含的平等、自由、开放、共享的理念对教师和学生的世界观和学习理念的进步和提高有积极的推动意义。

（三）多媒体技术的应用与大学英语教学实践

以多媒体为基础的高等院校英语教学模式，不但丰富了教学方法，创造了更加现实的教学环境,而且在很多方面都表现出其独特的优势和功能,大大革新了高等院校英语教育的概念。在教学实践中,以下四个方面是多媒体技术应用最多的。

1. 多媒体课件

多媒体教学的最直接表现就是使用多媒体课件。教师上多媒体课之前,通常会在课前就准备好多媒体课件,运用这些课件可以从不同角度、立体地给学生展示教学内容,把多媒体对学生感官的刺激作用发挥到最大化,这会让学生对上课内容印象更深刻,学习知识掌握得更牢靠。

(1) 制作多媒体课件

从制作上看,高校英语课堂多媒体学科可分为两类:既有多媒体学科或课程,也有教师自主编写的学科。目前,许多大学的外语课程都有相应的多媒体课程。题材内容十分丰富,形式多样,描写十分详细,功能强大。在大学英语教学中使用这些综合训练模块,不仅大大减轻了教师的教学工作量,而且对同一学习群体的平行学习起到了指导和引导作用。当然,许多学校对教师采用自我教育的方式,适应不同的层次和教育特点和要求。教师或教育团体讲授的个别课程不仅更加集中,而且不断改进内容,反映了学习过程中的实际问题。

需要提醒的是,课件内容必须以教学任务为依据,课件的形式和内容除了必须以教学为中心,课件设计还需要与大学英语教学和学生的特点和规律相结合,包括分析教学目的、创设情境、协作学习、强化练习的设计等。优秀的课件必须是集直观性、针对性、趣味性和启发性于一体的。

其中,直观性是指学生容易理解、简单明确的视觉化。针对性是指教内容的重要点和困难点,有很强的针对性。趣味性是唤起学生对学习的兴趣。启发性是指学生以教育活动为中心,启发学生思考知识和问题。多媒体教学在外语学习过程中的应用是发展的必然趋势,将逐步向科学、完善的方向合理化发展。

(2) 多媒体课件的优势

通过合理使用多媒体教学课件,可以更清晰、直观地向学生提供相关背景的文化知识,让学生更容易对所学知识的文化背景、教科书有全面、详尽的了解。同时,也可兼顾学生在学习语言知识的同时,理解与语言无法分割的文化知识。

  被认可的多媒体课件可以让学生置身于由图像、声音、语言构成的三维空间，从词汇、句子、言论等不同的层次进行直观的教育。在改变以往机械化教育模式的基础上，激发学生对学习的兴趣，并吸引学生的注意力。多媒体课件以更直观的方式将语言符号及其对应情况信息同步发送给学生，使得学习内容更加鲜明具体，加深学生对知识的理解。

  同时，根据上课中学生的反应，老师可以掌握学习课件的演示速度，了解学生（不是教师）所认为的内容的关键点和难点。因为老师能掌握学生的学习速度，所以教师可以更加灵活地安排学习进展和重点知识的学习。教师在接受教学信息反馈的过程中，可以调整教学流程，最大限度地激发教学的可能性。同时，也反映了"以学生为中心"的教学理念。

2. 多媒体辅助课堂活动

  英语教学不仅仅是教授教材内容，教师还要经常在教室里进行活动来刺激学生对学习的兴趣，帮助学生整合知识，进行实践练习。从语言环境的角度来看，教师可以利用多媒体技术的视觉特性为教室里的学生创造各种各样的情境，从而唤起学生对英语学习的强烈兴趣。例如，在大学英语读写课上，为了让学生了解单元的主题，教师可以安排使用多媒体课件进行热身练习，比如播放音乐和视频，举办小组提问等。

  在大学英语听力和口语课上，有很多学生在面对话题时会感觉什么都没说，害怕出错不敢说的现象，结果，教室里的气氛变得枯燥，学习效果急剧下降。根据会话理论，清晰的词条是学习一门语言的主要要求。教师有义务用自己的语言向学生提供更多的信息。为了弥补建议的不足，教师可以开始模仿英语，让学生听相关的英语材料，教师可以选择合适的视频，学生可以先看后模仿，最后表演合适的元素。教师还可以利用多媒体技术创设特定的环境，组织小组讨论，在课堂上交流意见。例如，教师可以在学生回答问题之前，在实践环节中再现与课堂知识相关的音频和视频图像，让学生对问题有更深入的理解，并明确他们的目标，深入思考，得出答案。此外，教师还可以使用多媒体技术，帮助学生有效完成作业练习，调动学生在课堂上回答问题的热情，使课堂气氛更加活跃和谐，让学生们更喜欢学习英语。

3. 多媒体辅助课外活动

当然，除了在课堂上大显威力之外，多媒体技术还可以很好地用于辅助课外活动。

英语科目的要求很高。要在有限的课程中使用英语教学来充分提高学生的综合能力是很难的。学生学习英语到一定程度的时候，就会不满足于课堂的知识。他们想要通过多彩的课外活动，扩大视野，扩大知识，充分发挥才能。传统的英语活动包括英语角、英语演讲等。随着多媒体技术的发展，英语课堂也越来越丰富多彩。

（1）英文原版影视剧

对于希望在自然环境中学习英语的学生来说，观看英语原版视频在学习英语中起着重要的作用，影视剧通过声音和图像将视觉和听觉有效地结合在一起，同步作用于学生的感官，这是其他学习方式都没有的优势。教师可以根据学生的能力，推荐合适的英文原版影片。这不仅吸引了学生学习英语的注意力，也让他们学到的英语口语更加本土化。

（2）英文主题小组活动

在大学英语听说课或其他大学英语探究式课程中，教师往往会要求学生进行英文主题小组活动，并在课堂上进行专题发言展示。在这一过程中、学生会围绕教师指定或学生自选的主题，利用网络、书报等各种媒体查阅资料，并进行取舍，最终形成专题发言的内容。一般来说，学生会像教师制作课件一样，在课前把主题发言制成PPT形式，以便课上向其他同学展示。

（3）英文墙报

教师也可以根据课程所涉及话题、学生感兴趣的话题或当前热点话题来组织学生分组制作英文墙报。在制作过程中，由于篇幅所限，学生需要从大量网络信息中选取最恰当的信息运用到墙报中去。因此，墙报的制作过程实际就是一个自主学习的过程，通过制作，学生可以了解相关信息，甚至成为某方面的专家。

（4）与英语本族语者在线交流

与本族语者进行交流，是学好语言的一个有效手段。多媒体技术和网络技术打破了空间的局限，可以使学生与英语本族语者自由地进行交流。

例如学生可以给一个远在英国的学生发电子邮件，甚至使用QQ等聊天工具进行视频交流。

4. 网络课程

网络教学是信息时代的产物，通过网络教学的具体内容，覆盖了以往的教育目的、教育内容、网络教育支援环境。其中，网络教学支撑环境包括软件工具、教育资源、网络教育平台实施的教育活动。网络课程具有相互作用、自律、共享、合作、开放性的特征。

许多大学英语教育团体已经开发了各种各样的网络课程。学生可以通过网络或校园网参加自己的学校或其他学校的课程。课堂时间毕竟有限，要想学好英语，课外自主学习十分必要，打破地理限制的网络课程，为学生创造更自然、更实用的英语学习环境，通过提高语言输入输出的质量，有效拓展了学生的语言技能。

一些在线课程与实际课程相关。开课前，学生可以根据课程和老师布置的具体作业，利用网上教学资源主动进行预习。下课后，学生可以概括自己的知识，参加各种教学活动，及时消化学习重点和学习难点，深化和进一步拓展知识。网络课程提供了一个清晰的知识结构图，因此上课接收慢的学生可以在网上重复获取知识，跟上进度，并提高他们的技能。要实现这一目标，教师必须将网络课程与整个课程有机地结合起来，与真实的课堂学习无缝地结合起来，相辅相成，充分实现两者的效益。

网络课程的成功取决于教师的控制能力。教师必须制定一系列科学的学习任务，并让学生明确活动的目标、计划和时间安排；提高学生对信息的辨别能力和自制力，对网络学习的方法提供必要的指导；设计合理的交互学习任务，让学生能与老师或其他学生对话。当然，更重要的是，为了避免出现偷工减料、互相复制、永不创新等不良现象，教师要及时地通过有效手段控制学生的线上活动。

第二章 大学英语教学方式与理论基础

英语教学是使学习者能够熟练地掌握语言并且能够更好地使用语言，从而达到交际的目的，从而为社会培养更多的英语人才。本章将对大学英语教学方式与理论基础进行探究。

第一节 大学英语主要教学方式

一、分级教学模式

学生因为学习水平的高低和知识学习能力的不同可分为不同的水平层次，对应的训练目标和教育计划是根据学生不同的水平制订的。这种模式反映了教育的概念，即按照学生的适应性和动态管理模式来教导学生，使不同水平的学生在自己原有水平上取得更大的进步，这就是"分级教学模式"。

（一）分级教学模式的理论

1. i+1 语言输入假设理论

Krashen 的 i+1 语言输入假设理论是分级教学模式的理论依据之一。我们可以从以下两个方面分析其影响。

（1）课程理论的角度

i+1 理论除了重视学生通过学习获得的知识有多少，也很关注学生知识获取的方法。i+1 理论强调的学生应该按照方法有步骤地学习，不要想着一口吃成一个胖子，应该循序渐进，这也正好是分级教学模式所强调的。

（2）教学实践

分级教学是依据学生的性格、学习的动机、学习的态度及学习语言技能等方面的不同确立不同的教学目标和学习计划，以达到 i+1 理论要求。

2. 迁移理论的学习

迁移理论的学习就是学习者原来积累的学习经验对如今学习造成的两种影响。当积累的学习经验在促进当前学习中发挥积极作用时，这是一种正迁移。相反，当其具有抑制作用时为负迁移。

3. 学习理论的掌握

根据美国心理学家的学习理论，学生学习成绩不佳不是因为他们没有智慧，而是基础设施的不完善和缺乏合理的支持，导致了学生的不端行为。如果有适当合理的学习条件、学习能力、学习速度、学习欲望，那学生的学习能力就非常相似。因此，这种教学模式允许学生在不同的阶段接受不同的、差异化的教学方法，充分利用学生的学习机会。

（二）原则

分层教学模式的两个原则：循序渐进原则和因材施教原则。

1. 循序渐进原则

按照循序渐进的原则，教师必须在推广知识的同时尊重知识的固有规律，并在相应程度上推广教学形式，让学生更容易接受。在分级指导模式下，教师可以根据学生的英语知识，以提高学生的语言能力为目的，采用有针对性的指导方法。

2. 因材施教原则

随着高校招生政策的扩大，高等教育被越来越多的学生所接受，但同样的环境中学生之间的英语水平存在明显的差异。所以，如果不采纳这个原则，很容易给学生带来很多的困惑，浪费大量的教育资源。分层教育模式能充分保障每个学生的利益，满足他们自身发展所需的教育要求，成功地提高了预期的教育效果。

(三) 分级教学模式的实施

分级教学模式的实施有以下几方面。

1. 科学的分级

等级教育为不同的层次设定了不同的目标。所以，必须采用科学的分类问题和分类标准。在实践中，在大学英语教学中，问题必须按词汇层次进行组织和分类，注意问题的层次性。分类标准必须综合考虑等级、真实个人水平和个人意图测试结果。

2. 提高区分程度

许多大学的分级标准是英语入学考试成绩。然而，虽然有些学生因为成绩的差异没有进入甲级班，但这些差异很难完全解释学生的英语水平。

为了增加分类的差异性和合理性，学校可以在双向分类选择过程中听取学生的意见。与大学成绩相比，学生们更倾向于练习英语并更好地理解它。从被动到主动的选择是在提高学习主导地位的同时，提高学生在学习过程中的意识和热情。

3. 调整机制实施

调整机制的本质是动态地管理学生的学习水平，将学习水平与兴趣、成绩和能力联系起来。具体来说，如果一个班级的学生正在取得进步并达到 A 级，老师可以鼓励他们进入 A 级班，从而激励学生取得更大的进步。A 级班学生缺乏进步的现象也被降低到 B 级班，给他们带来一定压力。

4. 制定科学评价标准

在分级教育模式下，各级考试都出现了困难。这会导致一些高水平的学生成绩低于部分低水平的学生。可以采取两个步骤来提高评估的科学性。

具体的方法是增加正常平时成绩等级中的两个比重，并根据实验的复杂程度建立科学的算法，通过加权系数，调整两级等级。

二、模块教学模式

模块教学模式是大学英语教学改革的重要组成部分。这是一种系统的教学方式。大学英语教学分为知识、技能和发展三个模块，在不同的学期进行有针对性的教学，以提高学生运用语言的综合能力。

（一）模块教学模式的定义

随着英语教育的改革，英语教育体制发生了很大的变化。英语教育向能力、技能、计算机等多元化方向发展。在这样的变化中，我们提出了一种英语模块的教学方法，在一定程度上反映了时代发展的要求。

模块化教育通过特殊技能和素质教育的主题，将知识和技能整合到教学方法中，并与学习方法的知识和实践相匹配。教育模块的模式旨在提高学生的素质和具体技能。通过理论、技能和实践活动实现教育目标。

大学英语模块教育可以丰富英语课堂，使课堂多样化。对于学生来说，模块化课程还可以通过丰富的讲解来改善学生的学习环境和英语学习兴趣，激发学生学习的积极性。随着现代科学技术的发展，传统的教学方法越来越难以适应社会条件。教育模块可以在一定程度上使英语教育更贴近时代发展，也可以提高人才培养效率。

（二）模块教学模式的开展

如果分析一下《大学英语课程教学要求》，会发现对英语水平分类有不同的要求。在这样一个多层次的信息化要求下，大学英语很难通过一系列的教育管理来实现人力资源的充分开发。英语模块的教学模式要求在一段时间内分阶段培养学生。这种观点正好符合教育的需要。

模块教学模式对应的是整个教学系统的管理，所以在实施过程中需要教学工作者进行科学设计。学者李晓梅、罗桂保对大学英语模块教学中的模块分类进行了划分（表2-1-1）。

表 2-1-1 大学英语模块教学中的模块分类

知识模块	更细的模块分类
技能模块	语音模块
	词汇模块
	语法模块

(续表)

知识模块	更细的模块分类
拓展模块	听说模块
	阅读模块
	写作模块
	翻译模块
基本分类	各门外语类选修课
	第二课堂活动

三、教学文化模式

语言是文化的组成部分，文化也影响着语言的发展。文化教育是语言教育的重要组成部分。语言学习的目的是理解语言学习的过程。语言学习对于学习其他国家的语言和文化非常重要。所以，在教育文化改革中，必须进一步加强大学英语教育中的文化教育。我们要更加重视文化素质，培养学生的交际能力，适应社会发展的需要，使学生能在跨文化交流中恰当有效地完成交流。

（一）教学文化的定义

文化教育是一种将语言文化训练、文化知识、国情和语言教育相结合的英语教学方法。这里的文化教育是一个广义的概念，它包含了语言教育与教育实践的共性。我们试图通过培养学生对语言和文化差异的敏感度来提高他们的跨文化交际能力。

教育部发布的《英语课程标准》明确指出：……培养学生的文化观，培养跨文化交际意识和基本的跨文化交际能力。文化意识是学习者应该意识到的规则、制度、信仰和价值观之间的差异。可以从以下几个方面对程度差异对文化意识的影响进行理解。

（1）目标语是一种很难理解的文化。

（2）学习者能够理解目标语的文化特征，但仍不了解其文化。

（3）通过个人实践，学习者从目标语的观点出发来看问题，从而真正理解目标语文化。

在文化教育中，为了帮助学生深入理解当地文化和外国文化的差异，提高对两种语言和文化的理解灵敏度，教师有必要引导学生广泛学习目标语语境下的文化和思维方式。

（二）文化教学的现状

如今，交际已成为一个新的重要领域，大学英语教学中的英语教学越来越受到人们的重视。然而，目前高校文化教学还存在一些问题。包括以下问题：

1. 教师文化教学意识淡薄

大学文化教育的目的是为了促进不同文化的交流，提高英语教师的素质。所以，教师必须拥有丰富的中文技能和文化底蕴。大部分的英语教师都毕业于英语专业，但他们对文化教育的意识仍然很弱。原因主要包括两个方面：（1）传统的教学观念；（2）单一的文化教学环境。

2. 学生的学习主动性不足

受传统教育模式的影响，教师起主导作用。学生对英语教师的依赖性很大，学生都是被动地接受教师在课堂教授的知识，老师教什么，学生学什么，所以学生缺乏自主学习精神和有目的的学习意识。从这个方面来看的话，在传统教育中，学生的学习是十分被动的，看不到他们的主体地位。另外由于学生对传统的"灌输式"教学法已经习以为常，所以几乎不会为了扩大文化知识主动想到多阅读课外文化书籍。

中国英语文化教育表现出的一个突出问题是，学生不善于积极主动地学习相关的文化知识。所以，文化教育的关键在于改善教学氛围，激发学生的学习兴趣，让学生主动学习。看原创外国电影和与外国人的交流都是不错的学习方法。但是，因为生活环境的限制，学生和外国人交流不容易实现，所以看电影、写电影评论是学生接触西洋文化的主要方法。

3. 受到教材内容的限制

教材是教学不可或缺的部分，在中国，文化教育的被忽视也与教材有着密切的关系。现在，英语教育中使用的教科书几乎都是说明性的，而内容却是基本的知识，很少有涉及民族伦理、思考方式、民族心理学等语言形态的文化含义。这必然会导致学生对这些非语言因素的不充分理解。在有限的教科书中,虽然忽视了英语教育中文化因素的作用,但是强调并追求提高书面语言技能。例如,大学教材《新视野大学英语》只有 5 个单元提到了文化知识,所以英语文化的行为规范在教科书里是很少见的。

4. 文化教学内容的片面性

有些英语教师会在教学中介绍文化,但他们的教学常常是片面的。即文化形成的知识被视为所有文化教育。事实上,如上所述,文化教育的内容其实是包含很多方面的,即使教师在正常教育中没有专门的时间讲一些语言和文化方面的知识,教师也应该教学生在特定的文化语境中的语言的正确使用方法。

(三)文化教学的实施办法

为了解决当前文化教育存在的问题,教师必须采用各种各样的方法来进行英语文化教学。下面介绍四种比较常见的英语文化教学方法:

1. 直接导入法

最直接的指导方法。直接向学生介绍英语文化。在我们国家,学生学习英语的主要场所是学校,在其他环境中学生接触英语的概率很小。所以,他们对英语的学习和理解非常有限。

在此基础上,教师在上课的时候,不仅要充分调动学生的好奇心和热情认真听课,还要在课堂上讲授语言和文化相关的背景知识,并结合教材的内容和背景知识进行教学。

2. 对比分析法

对比分析法指的是在学生理解和学习两种语言的文化和行为规范的时候,会把自己国家的语言和文化和其他国家做比较。如果理解了不同文化的特点,就可以积极地传达这一部分内容。同样,如果想避免消极的跨文化交流,只需理解文化差异就可以了。

不同文化间交流最重要的方法是对比分析,这也是第二语言教育中最普遍使用的方法。我们不仅需要使用语言,还需要使用非语言进行比较。这是我们在教育中使用比较分析时应该注意的事情。

在对比两种文化时,教师的作用尤其重要。这一过程要求学生要正确理解两种文化，还要正确处理。尤其是在学习英语的过程中，克服心理障碍的作用比较显著。这不仅有利于学生积累文化知识，也有利于他们客观公正地评价各民族的文化，不盲目服从外国文化。

3. 讨论法

为了提高学生对英国和美国文化的敏感度，帮助学生理解英国和美国的文化特征，教师经常需要使用语言教育的讨论方法。一个小组的学生可以在一起进行集中讨论，并在这一过程中对中外文化进行对比。

综合上面所说的，讨论法不只能让学生对所学知识的理解更到位，加深他们的记忆，还可以培养他们的学习兴趣。

4. 借助媒体法

媒体教育法是日常教育中常用的直观方法。可以通过电脑、电影等媒体更方便地传播英语文化知识。理解并学习不同地区的语言特性。特别是在电视节目中，往往有着丰富的素材。当然，如果那是关于西洋文化的纪录片的话，将使学生学习更直观、更方便。

四、情感教学模式

（一）情感教学的定义

对于情感教学的含义，向来是仁者见仁、智者见智，通常包括以下几种观点。

（1）在教育过程中，使用感情因素来优化教育的主导思想。感情教育和认知心理学密切相关。这是根据认知心理学开发的。为了达到教育的优化、教育程序的改善等的目标，教师通常采用"以情教学"的教学方法。

（2）为了优化教育活动，教师使用相应的语言手段调动学生的积极情绪，使教师和学生都处于积极的情绪状态。

（3）在正常的教学过程中，培养学生的情绪，使他们在教学过程中充满激情。我们把这种教育活动称为感情教育。

关于感情教学，虽然各方有各种各样的意见，但是理解的性质非常相似。在使用感情教学法或其他教学法以及满足学生感情需求的教育中，尊重学生个性的发展，促进学生整体发展是一致的。

（二）情感教学的意义

情感教学在我们的日常英语教育中起着重要的作用，是英语教育的重要部分。在今天的教育中，针对只注重知识注入的不合理现象，情感教育在教学改革中起到了非常好的作用。

对于中国学生来说，情感教育的重要性是不可忽视的。这是因为大学教育和英语作为中国学生的第二语言的特殊性，大部分学生都表现出了负面的感情因素。所以，现在，教师必须最大限度地活用这种感性的教学方法。它不仅有助于教育课题的发展，也有助于教师与学生之间友谊的形成，以达到教育目的。在情感教学理念的指导下，老师和学生的感情贡献与指导效果成正比，对教学效果的影响很明显。在情感教育中，学生不仅能丰富自己的感情，而且在情感教育中也起着重要的作用。

它在培养学生的学习欲、培养高贵的感情、促进教师和学生的感情、培养学生的意志力、刺激学生的意志力、扩大思考上发挥着重要的作用。

（三）情感教学的基本原则

大家都知道，教育实践应该在遵循教育原则的前提下进行。虽然在课堂上不能直接学习感情，但是感情会给我们的学习带来实际的间接影响。所以高校情感教学有以下几个基本原则：

1. 寓教于乐原则

在教育活动中，教师必须在确保正常教育活动的前提下，愉快地实行教育工作。教师不应该把激发学生感情作为课堂的主要内容，而是应该把刺激学生学习兴趣作为出发点，激发学生的热情。为了让学生能愉快地学习和接受教育活动，课堂学习达到理想状态，这是快乐教学的中心思想。

2. 移情原则

共鸣的原则是自己的感情会影响别人，有可能传达给别人特别的信息。这将具体体现在以下两个方面。一是教师个人感情因素，如道德品质、人格魅力、教育水平等。其次，教材中登场人物的情感世界等，以及课堂上的授课内容也会影响学生的感情。当老师有意识地去指导学生体会课文中角色的时候，学生应该积极地去感受这个角色的感情。

3. 情感交融原则

众所周知，教育学活动在教师和学生之间进行。教师和学生之间的情感混合直接影响学生的情绪反应和教学活动的效果。另一方面，教师和学生之间和谐的感情会有助于提高学生的学习热情。

（四）情感教学的实施办法

1. 加强学生对英语学习的认知，激发学生学习英语的积极性

受传统教育方式影响，学生往往对学习缺乏热情，主动学习的也很少。因此，大学英语教育的改革势在必行。新的教育改革应该改变以往教育的单一模式和唯考试论，让学生主动接受知识。在语言教育中，必须正确训练学生的发音。让学生充分发挥主观能动性，多读课外书，精通语法知识。建议学生参加交流练习，从练习中学习语法。

2. 帮助学生克服情感态度方面的问题

不管学生是外向的还是内向的，他们都会感到不安。教师应该帮助学生在整个学习过程中克服不安情绪，为学生营造轻松的学习氛围。所以，教师可以从以下几个方面帮助学生缓解焦虑、克服不安。

（1）给每个学生以适当的鼓励和帮助。

（2）珍惜和保护每一个学生的自尊心。

（3）不对学生提苛刻的要求，让学生通过自己的努力去享受成功。

（4）对学生犯错不大声训斥，而是帮助学生用正确明朗的态度分析错误并改正错误。

（5）帮助有学习障碍的学生，多与他们沟通，找出学习方法，帮助他们培养忍耐力。

（6）对每个学生都抱有期待，即使是有学习障碍的学生。

（7）建议有学习障碍的学生加入学习小组、互帮互助，带动他们学习。

3. 建立良好的师生关系

教师与学生的良好关系有助于教师进一步理解学生，促进学生与教师之间的交流。所以，教师可以从以下几个方面改善自己和学生的关系。

（1）把教师个人的教学魅力充分展现出来

教师必须充分发挥在教育活动中个性的魅力，使课堂教学充满活力，刺激学生的兴趣，把学生的注意力吸引到课堂上来。

（2）真心地爱每一个学生

教师要认真、公正、诚实地对待每位学生，特别是有学习障碍的学生，要真诚地与他们交流，多给他们正面的鼓励。

（3）不断使自己的个性更完善

教师要不断完善个性，使自己有责任心、宽容、友好、幽默，培养自己内在的魅力。

六、多元识读教学模式

伴随着时代的推进与发展，这就对识读能力的本质与学习特征提出了更高的要求，在当下这个全球化、信息化的时代，更多新的素养正在新技术的引导下被塑造，与以往相比，当前的读写与交流方式已经发生了根本性改变。

以英语专业学习为例的传统识读观与新时代识读观的详细对照如表2-1-1所示。

表 2-1-1　新旧识读能力对照表

传统识读观	新时代识读观	观念演变及素养特征
以往的读写只能表示为"3r"（即read, write, arithmetic）中的2个	现如今，识读能力与数字素养之间是紧密相连，缺一不可	贯穿始终的是学习者的素养，素养之间的关系是由学习者自行统筹协调，比如多模态素养与交流能力之间的融合

(续表)

传统识读观	新时代识读观	观念演变及素养特征
学生完成学业后，就成为一个熟知英美文化、有着跨文化的意识、有过高等教育的人	学生是一群敢于创新、勇于冒险、善于探究和协调各种不确定性却独具个人魅力的人	在变化莫测测大环境下，要想开展有果效且有意义的交流，作为学习者，首先要必备的是强大的思辨能力（critical thinking），可以从多个视角看待问题，面对不同的环境，通过有效的交流来促进个人的学习和进步
选出来的课文要具备一定文学鉴赏价值	甄选的课文在选材方面应有着一定的广泛性和多样性，且有着多模态化的教学形式	教学工作中，"教槽"正一步步演变为"教学资源"；在出版行业例，数字化、立体化和网络化是其改革的真正方向
遵守纪律、具备专业修养的各个类型的人才	可以依照社会环境的不同，通过不同的方式开展交流活动，有着国际性的眼光和视角以及跨文化意识的英才	传统层面的人才观看重权威，培养出来的人才以墨守成规者居多；而当下的人才观要面对的是繁杂多变的生活以及彼此之间的协作意识，有着显著的个人能动性、挑战性，以及社会参与性

在经济全球化的大趋势下，交流方面日渐多模态化、文化方面日渐多元化，语言方面日渐多样性。正是在这个大背景下，新伦敦小组（New London Group，1996）在《多元识读教育学：设计社会未来》（A Pedagogy of Multiliteracies：Designing Social Futures）中提出了一个全新的概念——"multiliteracies（多元识读）"对于当下的识读教育怎样来为学生的个人规划与发展提供相应的服务，特别推出了多元识读教学法（multilit-eracies approaches to pedagogy）并在全球范围内传播开来，很快就发展为当代语言教育的主要潮流。多元识读教育是通过语言与文化的多样性，并与全球的关联十分明显的结果，还是新媒体时代通过交流来显示多模态化表达形式的结果。

第二章　大学英语教学方式与理论基础

由宏观层面来看的话，正是在全球化的背景下，多样化、多元化的语言和文化产生相互作用。正是在此环境之下，使得世界各地之间的联系日益密切，英语在各样社会背景与文化中得以广泛的应用，并显示出跨文化的特征。英语，不仅是一种国际性的语言，而且还具有多样性的特征。从另一个层面来看，多元识读正是在多媒体平台中经过形式多模态化的结晶。伴随着新媒介的快速发展，人与人之间的交流方式发生翻天覆地的变化，书面语和口头语有了相互的融合，各种各样的模态，比如视觉、听觉、手势、触觉和空间等彼此之间的互相融合，使得整个交流呈现出多模态，从而对学习者理解、掌握媒体表现的能力提出了更好的要求。

对于多元识读，新伦敦小组没有给予全新的界定，从他们的视角来看，多元识读的内核是由两个"多"组成的，分别为多语言（multilingualism）和多模态（multimodality），所谓的多语言，是指在一个社会化、跨文化、职业化环境下所产生的不同样式的社会语言（social languages），而多模态是指现今这个时代信息交流所展现出来的多模态属性。伴随着新媒介的快速发展，新伦敦小组所探讨的两个"多"愈发明显，尤其是多模态化。现如今，我们身处一个数字化、网络化的时代中，各类社会化的交流与协作软件，比如博客、播客、微信、飞信、维基、RSS等已然成为人们用来工作、学习以及生活的基础性工具。

过去的这几年，针对多元识读，国内外学者对其进行了深入的探究并完成了分类。来自国外的著名学者昂斯沃斯依照识读教学的实践，将其划分为五个类型，分别是：视觉素养（visual literacies）、语言认知能力（verbal literacies）、课程素养（curriculum literacies）、计算机网络素养（cyberliter-acies）、思辨能力（critical literacies）。

北京大学英语系的胡壮麟教授以社会符号学作为切入点，深入研究了多模态现象，把英语单词中的"multiliteracy"翻译为"多模态识读"，主要的含义为具备可以阅读周边所有能接触到的有着不同模态和媒体的信息，还能凭着这些信息衍生出相关的材料，比如互动交流的多媒体或者阅读互联网；并由社会符号学的层面，把英文单词"multiliteracies"翻译为"多元识读能力"，而这种能力主要包括文化识读和技术识读（又名多模态识读），也就是以新媒介作为平台来开展信息互动交流的素养和综合能力。

47

胡壮麟教授通过八个层次来对多模态识读能力进行划分：第一，在一个信息化环境中，参与者可以通过合理的方式进行工作；第二，使用信息技术的平台，帮助参与者快速找到所要找的材料，使得与信息技术应用相关的工作可以顺利完成，还可以通过使用技术工具来推进多模态的阅读和写作；第三，对于那些来自于数字网络资料库中的信息，应当带着策略性、批判性的思维进行汇总和管理；第四，作为参与者，要有责任心，还要有开放的思想和观念，从而得以在日益电子化的世界中彰显出应有的价值，所以也就可以针对新环境下产生的种种社会问题寻找解决方案；第五，因一些特别的问题而组建的虚拟社团可以很好地通过专业技术来实现互相协作；第六，运用技术工具，通过各种方法，聚焦于一个话题，并通过用综合知识来进行表达；第七，针对在信息技术的社会环境中作为参与者如何发挥出个人应有的作用来陈述个人的意见想法；第八，可以通过新媒介来完成学习方法的更新，比如使用非语篇写作；第九，作为参与者，不但要具备识读语篇信息的能力，还要具备解释符号和图像的能力，可以熟练使用多媒体和其他的技术工具，比如互联网等媒介，来实现人与人之间互动交流与学习，发挥出其应有的价值和意义。

出身于复旦大学外语言文学学院的朱永生曾经对于多元识读能力进行过深入的讨论，这些对于我们教学改革有着极其深远的影响，他认为应当把多元识读能力的培养作为教学大纲中的一部分，尝试把多元识读理念融入教育活动中，如教师培训、语言教材编写、资源建设、教学评价等。伴随着经济的全球化、文化的多元化、教育的信息化、语言的多样化进度的加快，在高等教育中，多元识读教育的地位和作用越来越显著。

进入20世纪末期，自从多元识读作为全新的教学理念和教学方法被新伦敦小组提出之后，就一直处于不断的改进和完善过程中。最开始，多元识读教学法主要包含四个阶段：显性指导、情境实践、批判框定（特定社会文化环境下给予的批判性阐释）、实践应用等。在这之后，新伦敦小组在多元识读教学法的四个阶段融合的基础上，将整个学习活动分为四个大类：体验、概念化、分析和应用。在他们看来，学习过程中的四个步骤（moves）是一个互相交织、互为先后的次序和关系。

第一步是体验。人类认知的产生需要一个特定的场所，而且还有着场景化特征，容易受认知环境的影响。作为学习者，可以把学校里所学的知识与学校外面的生活体验巧妙地结合起来，也可以尝试把校内的学习文本与课外生活融合起来。这两种学习与生活相结合的方式被称为文化关联法。这种体验主要表现在两个方面：一是体验反映自己经验、兴趣、观点和对世界深刻理解的已知事物，学生在学习场景中体验自己的知识、经验、兴趣。另一种是潜入新的生活情境和文本，观察完全未知的情境或阅读新的文本。重要的是要注意，新的信息，新的经验和文本传达给学生的是一致的心理水平，必须接近现实的日常生活。通过新旧信息的传递和交互，整个学习过程可以得到更显著的改善。

第二步是达到概念化，概念化是传统学科的教学，也是知识不断增长的过程。在概念化学习和实践的过程中，主动的构建者应当是学习者。既要总结自己的结论，又要将一些隐性知识转化为显性的知识。概念化实践有两种方法：一是命名一些抽象的事物，我们可以扩大学生的学习范围，进一步发展概念。二是理论上的概括。作为积极理论和概念的创造者，学生们建立了自己的心理模型、更抽象的理论结构和可以随时转移的学科图式。

第三步则是分析。批评的能力是进行有效学习所不可缺少的，主要由功能性分析的能力和批判性分析的能力组成。其中，功能性分析主要是由推理、推断和演绎组成，目的在于对于相关的功能关系（比如因果关系）加以确定，并对内在的逻辑关联和文本关联进行分析；批判性分析则是指针对自身和他人的兴趣、动机和观点给予相应的评价，此类分析不但包含对于已有经验和全新经验之间的互动，而且还包含着以往旧概念和全新概念之间的一种互动。第四步就是应用部分。应用的主要内容有适当性应用和创造性应用。适当性应用指的是把自己对于所学知识的理解在复杂多变的生活场景中加以应用并对于其果效性进行检验；创造性应用指的是学习者根据自身的兴趣、经验和灵感以创新性和开创性的方式来完成对现实世界的干预。正是在创新性应用的带动下，整个世界才开始变得更加新颖。

作为新媒体时代环境下的一种新型教学法——多元识读教学法，在其发展的过程中，也是一个实践和完善的过程。

第二节　英语教学的理论基础

大学英语教育是建立在一定理论基础上的科学教育。然而，理论研究的侧重点因研究者思维的不同而不同。最终形成的理论也影响了英语教育。本部分从哲学理论、语言理论和心理学理论三个方面对现有的英语教学理论进行了描述和总结，并论证了理论教学对英语教学实践的影响。

一、媒体学习认知理论

多媒体学习认知理论是一个十分严谨的科学体系，由基本假设、学习科学、教学科学和应用领域这四个有关系的部分共同组成，具体流程如图 2-2-1 所示。

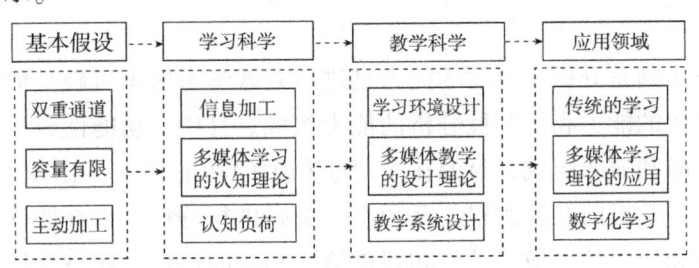

图 2-2-1　多媒体学习认知理论模型

国外学者梅耶对多媒体学习认知理论体系展开了研究，他的出发点起始于双重通道假设（dualchannel assumption）、容量有限假设（limited capacity assumption）、主动加工假设（active processing assumption）等基本假设。

对于双重通道而言，它的假设性观点是这样的：针对视觉表征的材料和听觉体现材料来说，人往往可以有两个完全独立的信息加工通道，不论是对于语言的加工，还是对视觉图像的加工，相互之间是完全独立的。假设在同一段时间里，每个通道可被处理的信息容量是有限度的，这意味着人们每次加工的声音或图形将会是有限的。主动加工假设是指人可以用积极的方式参与到认知加工的整个过程。通过自身的经验搭建起一个连续性的心理表征，要想使学习变得更有意义就需要依靠对于认知恰当、积极的处理，也就是从选择到组织，再到整合的整个流程，因此积极参与到多媒体学习的过程中会包含有选择—组织—整合等整个认知的过程。首先，学习者会对自己看到的、听到的词语和图片进行"选择"，然后尝试从感知记忆转移至工作记忆，把选择后的词语和图片通过拼接的方式组成前后连贯的心理表征，并要在记忆中完成处理；之后再从长期记忆中调取之前的相关知识，并把所有的词语表征和图片表征进行整合，最后生产出全新的知识（如图2-2-2所示）。

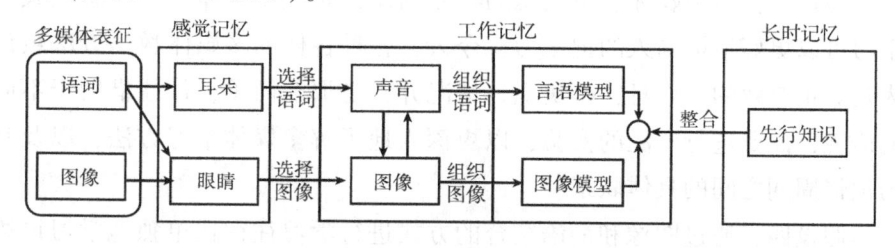

图2-2-2　多媒体学习认知理论模型

对于梅耶来说，运用多媒体进行学习时最大障碍是作为支持学习者所进行的积极性探索认知的过程。根据认知负荷理论，在多媒体学习和相关设计原则上有三个主要工作：一是，我们除了与学习工作无关的认知过程之外，还可以使用包括连贯性、重复性、强调性、时间连续性和空间连续性五个原则。第二，利用选择性认知过程，可以表现学习资料的心理过剩。材料的过程和复杂性等基本认知过程的良好管理可以通过细分、测试等原理实现。第三，随着对于组织、整合等认知的加深，推动产出性认知过程的发展，也就是对于学习任务的领会和学习的内在动机，可尝试使用多媒体原则和个性化原则。

认知主义心理学对于记忆力的重要性格外看重。在认知心理学的范畴中，研究学习最核心的方式就是针对记忆力所开展的研究，正是依靠着学习者在学习过程中的认知和加工，才能进行有意义的学习。在对多媒体、多模态学习进行深入剖析的大环境下，国内研究语言学的学者顾日国提出了用来作为深入研究的五个基本假设。

假设一：相比较而言，同模态的学习方式要比转换模态的学习方式更容易一些。在进行同模态学习的环境中，输入方和产出方所接触到的信息都是同质的；当进入模态的转换时，产出方获取的信息与输入方的信息是不同质的。作为学习者，要充分调动知识库中各类相关的资源，及时开启全新的模态。而这个过程往往要耗费大量脑中存储的资源。

假设二：合宜的模态转换可以内化我们所学的知识，提升记忆东西的持续时间。通过假设一的相关内容我们可以得知，在进行模态的转换时，要利用不少大脑所储存的资源，促进外来信息和个人所拥有知识之间所开展的互动交流，对于学习效果起到进一步强化的。

假设三：与单媒体、单模态的学习相比，通过多媒体、多模态模式的学习可以更好地提高人的记忆力。今天，各种各样的多媒体教学方法被认为是真正有效的。而且，事实上，情况并不是那么简单，往往借助于不同的语境，需要进行广泛的实验，以更深入地了解多媒体学习方法，以及其与记忆周期之间的具体联系。

假设四，通过图像和词语结合的方式进行学习往往比单独地学习词语的效果要好一些。进行多媒体和多模态学习更像是一把双刃剑，若能很好地加以使用，就可以很好地把学习者的注意力集中到所写的知识点上，从而起到增强记忆力的作用，大大提高学习的效果，如果使用不当的话，就会使学生的注意力被分散，成为学生记忆知识点的障碍。

假设五：与个人跟着计算机进行学习相比，老师与学生之间通过面对面的方式进行学习更有助于强化记忆力，而且很明显，与前者相比，后者的社会化程度更高一些。

与传统外语教育相比，新媒体时代的外语教育在教育媒体和教学方法上有了显著的差异，采用数字化和泛欧的外语教育方法帮助学生减轻认知负荷。改变旧的记忆机制，提高学习效率。例如，以前的学生已经学会写论文。如果你在纸上写错了，就不方便修改了，在各种媒体的支持下，学生不仅可以再次修改论文，还可以使用 Office Word 软件来处理拼错和语法识别提示，并进行自动修改。过去，学生早就用英语写日记和每周笔记，现在通过利用新技术，学生可以通过 QQ、微博或短信、电子邮件等社交程序自由写作。因此，使得学生的学习习惯和学习策略等发生了巨变，当代的写作也变得更口语化和非正式化，时常会用到缩略语、情绪符号等，也就意味着，通过对于数字化、可视化的使用，使得文字写作的形式和内涵得以极大地丰富。

身处新时代下新媒体学习的大环境之中，容易习惯性地把技术看作是新媒体的重点或核心，而把处于主体位置上的学习给忽略了，把技术看作是中心，就无法使教育的总目标得以实现。

技术只能作为辅助教学的一种工具和载体，通过技术来作为教学的辅助才是它的目标所在。所以，多媒体学习认知理论所看重的是围绕学生而展开的，对于大脑学习的机制持续的关注，也要关注学习和记忆的效果。如果单单是把技术看作学习的助手，学习理论的研究核心在于怎样才能更有效地进行学习。通过调查和研究可看出，高效学习的特点往往有以下几点：第一，把学习作为焦点，引导学生主动加入到教学流程中，使得学习者透过各样的学习方法完成对于学习者的自我认知；第二，学习本身有着一定的社会性和协作性；第三，作为教师一定要善解人意，重点去关注学习者内心的动机以及情绪本身的重要性；第四，针对学习者的个体差异要尤其敏感；第五，对于所有参与的学习者提出了更高的要求；第六，教学目的要与评价保持一致性；第七，有助于课内与课外建立一定的关联。

在新媒介的大环境下，多媒体学习认知理论的研究成果和教学指导原则对于学习起到极为重要的指导作用。

二、哲学理论基础

英语教学的建设、生存、发展、创新和实施，需要从多角度进行分析研究，而多元科学理论的定位是必要的，哲学显然是其中最重要的教学基础理论。哲学是对自然科学、社会科学、思辨和人文知识的高级概括，体现了自然科学、社会科学、思辨和人文科学知识的最高规律。自然科学研究自然客观性的发展规律，社会科学研究社会发展规律，人文科学的思辨和研究都是以人为基础的，推测和人文科学研究是基于人的，而人类推测的规律研究的是真正的社会文化生活关系与人的思辨和发展。哲学使自然、社会、思想和人文学科更加紧密地联系在一起，具有宇宙观和方法论的指导意义。人们不仅要质疑、探索、解读和认识物质世界的客观性，而且要重塑和发展外在的物质世界，重塑和发展人类自身，创造人类社会的物质文明和精神文明。方法论是人们认识世界、把握世界、改造世界的根本途径。今天，辩证唯物主义和马克思主义哲学的科学发展观对指导英语教育的建设、存在、发展、创新和实施具有普遍的理论意义。

（一）间性理论

大学英语的语言本质表明，语言是人类主体性构建的重要手段。因此，我们从语言学习的主体性出发，对英语大学课程的教育体系进行研究，得出一个基本结论：英语大学课程的教育体系主要由教师和学生的双重主体性构成。就功能性言语而言，功能性语言标记具有语篇功能、概念功能和人际功能，因而具有相互主体性。

1. 媒体间性

媒体间性，又被称为媒体相互性，指媒体之间在社会间性基础上，从信息内容出发，到技术形式的综合、整合、转换与演变，是现代媒体之间的联系。任何媒体都具有共性和个性，而媒体间性正是这二者之间的桥梁。

每种媒体都有其自身的冗余性和局限性，但不同媒体之间的编码可以相互依赖、借用或传输。也就是所说的媒介间性。媒介间性是指通过对各种媒体进行专门编码来改变模式和通信方式，它又称为各种通信编码媒体和媒体编码传输方式。

新媒体技术与教学系统的融合，加强了师生间的主体间性，新媒体技术具有的互动性和多向性也使主体间性的进程加快了。

2. 语言间性

语言间性具体指语言的指称功能、交感功能和意动功能间出现的错位和不协调，即语用主体在交际过程中客观存在的空间障碍。这种内在本质的最初存在是语言的差异和两个语用部分的差异所带来的理解的波动，这也是语言系统开放性和封闭性共有的二元表现，即语义的二元性。此外，语义弹性特征也为语用双边交流提供了可能性。

中介语（inter language）是第二语言学习者在学习第二语言的过程时

形成的一种特定语言系统，是二语习得研究领域中一个重要的概念。中介语的语言体系在词汇、语用、语法、语音等方面与学习者的母语和目的语都有不一样，但在学习的过程中，中介语是逐渐向目的语的正确语音、词汇、语法、语用等方面靠近的，因此中介语是动态的、不断发展的，它随着学习者学习程度的加深而不断调整，是在母语与目的语之间的过渡性语言系统，成为第二语言习得过程中的必经之路，是语言主体间性的一个重要表现。

3. 文化间性

文化确实在流动和变化中，在某种文化的诞生和发展过程中，文化的含义总是在随着时代的发展而不断改变。因此文化最明显的特征就是差异性。例如，道教诞生并延续了5000年，作为中国传统文化的一部分，其自身的文化发生了重大变化，在各种文化的碰撞与融合中，差异性变得越来越复杂，这将使道教思想遭受更大的"动荡"。

实际上，这种文化间性本质上就是跨文化性，而这种文化问题是与文化领域的这种文化思维和西方哲学中类似的文化表现有关的。因此，可以得出这样一个结论：这种文化特质发生在两种文化之间，具有整合性、意义性和共存性。总体而言，这种文化特征是跨文化研究整体概念中的一个重要因素。简而言之，就是两种甚至两种以上文化的融合。

文化间性（inter cultural）首先由德国哲学家哈贝马斯作为一种文化哲学术语提出。哈贝马斯是间性理论的重要研究者，在他的论著中，认为文化间性是由两种不同文化以及他们之间的相互联系产生的，即两种文化的"交互关联"。他认为，这种联系和普遍的"多元文化""文化融合"等概念是不一样的，并不是将文化放置在一起的简单并存或并列，重点在于两种文化之间要产生具有重大意义的关联和交互，因此这种交互关联被称为文化间性特质。

文化间性得以产生的原因是两种文化都用自身的独特视界来看待整理对方的文化，因此，两种文化对于对方文化的理解都是站在自身角度上的，这一过程体现出来的表征不是静态的源文化，而是在相互的理解意义上的。这种意义产生于不同文化间交互作用的产生过程，就是文化的间性特质。通过对哈贝马斯理论的进一步学习可以得出，文化间性的生成逻辑、肌理关联和"差异理论""视域融合""'他者'理论"这三个因素有着重要的关系。

苏联文艺学家巴赫金通过人体切身的感受，向我们形象地表达了"共性"的成长是在人具有自我意识基础上，经由他者的参与而形成的，少了他者的参照，自我就缺少了被看见，自我就不存在，从这个意义上讲，存在即共存。文化只有在与"他者"的不断联系中才能体现出实际意义，因此在文化间性的问题中也要考虑"他者"的重要作用。

在大学英语的专业教学中，进行文化间性研究可以有效培养学生和英语之间的跨文化素养。

4. 间性理论在大学英语课程中的重要作用

通过对大学英语课程的学科属性和其教学系统四要素的研究可以发现，文化间性、主体间性、媒体间性和文本间性是解决大学英语教学的重要哲学基础。

现代教育技术和大学英语课程呈现出融合的趋势，因此间性理论是现代外语教育的重要哲学基础。在大学英语教学中，教师、学生、教学内容与教学媒体不是孤立存在的，他们之间互相融合、互相促进，逐渐形成了一个有机整体。特别是在当今大数据和信息化的大环境下，数字媒体技术显示出了巨大的作用，对其他三大要素产生了深刻的影响，同时也改变了他们之间的关系，有效提升了各要素之间的转化和信息传递的效率。

首先对于教师来说，数字媒体已经成为教学过程中不可缺少的一部分，数字媒体的应用有效地提升了教师的工作效率，也在一定程度上减少了教师的工作量，促进了师生间的互动和交流。同时，数字媒体扩展了信息传播的渠道，为学生提供了更多的获取知识、学习技能的方式。

第二，在大数据和信息化时代，教师与学生都具有基本的媒体素养，在一定程度上注重主体上的素养还有着不平衡性。由于这一代的学生是信息时代的原住民，因此大多数学生比那些年龄较大的教师们，具有更高的信息素质，在教学过程中，学生对于数字媒体技术的运用更加熟练，对于教师主体和教学结构产生了重要影响。

第三，在新媒体条件下，教学内容越来越丰富，教材正从单一的传统印刷书籍转向更多样化、更容易获取的三维教学资源，体现出了多样化、数字化、便利化的发展形式。同时，新媒体也更加重视师生对于教育资源的共建作用。在教学过程中，数字媒体的运用可以丰富教学内容和形式，提高教学效率，同时也增加了师生间的沟通和互动，缩小了教学内容和师生间的距离。

（二）以学定教，以教导学，多学精教，不教自学

教育是人的教育，其核心是强调人的因素。教育领域的人本要素是学生和教师，教育强调学生学习的主动性和教师培训的主导性，强调教师和学生的互动性和主动性。在英语教育过程中，它表现为教师和学生的主观能动性和创造性的充分体现。当然，这些英语教育的原则是以学生为中心，角色和思想重新评估。

1. 以学定教

长期以来，我国传统的英语教学理念以教定学为主，把学生当作接受教育的对象和接受知识的容器，而学校则是生产这些产品的工厂，只注重这些产品的学习成绩，却忽略了学生个性的发展。正确的学习理论和学习理念，则倡导以学定教、以教导学，把学生看作是学习的主人，学生是在教师的指导下积极主动地学习知识、技能、能力，让学生的个性充分发挥出来。真正做到以学定教、以教导学和教师的指导性相统一。

以学定教不但根据学生已有的知识、经验、需求，遵循学生学习知识、发展能力的规律，确定教学目标、内容、策略方法和评价措施，也立足于激励学生能够积极主动地学习、能主动地思考和运用知识的过程，既立足于学生群体，也立足于学生个体。由于每个学生潜在能力和创造力都存在一定的差异，因此要注重学思结合，倡导启发式、探究式、讨论式、参与式教学，注重知行统注重因材施教，使每一个学生都能获得进步。

2. 以教导学

英语教育教学不仅是以学定教，还需有以教导学的理念，以学定教与以教导学是一对对立的统一体。以教导学理念认为，学生不只是知识的被动接受者和使用者，而且也是在教师的指导下能更积极地获取知识的学习者。有效的英语学习就是学生在教师的指导下，根据自己已经掌握的英语

知识，不断接受和理解新的英语知识。所以说学习英语不是一味地接受知识，更何况学生本身也不仅仅是接受知识的机器。学习应该是在教师的指导下，根据自己自身的兴趣和能力，积极主动地去学习。以师生互动的形式来接受知识，这样学生才能更好地理解并掌握知识。

3. 多学精教

大学英语教学不仅是以学为本、以教为本，更需要强化学习和教育。英语教育不仅是一个师生互动的过程，也是一个师生与外部环境的互动过程，还是一个师生结合语境的多向互动过程。多元学习、集约化教育的理念是指在教师、学生、情境、英语、情意互动的过程中，需要更加积极地学习，教师需要花费更多的时间，根据学生已有的知识和经验，充分利用一定的客观情境讲授知识的重点和难点。英语教育只有在一定的情况下，以学生现有的知识和经验为基础，才能实现学生容易理解和掌握的强化教育知识的教学目标。环境是语言现实的体现，没有客观的语言环境，语言就缺乏存在性，难以理解和支配。以学生已有的知识和经验为基础，通过新旧知识的融合形成新知识的强化训练，既节省了教学时间，又促进了学生的理解和吸收。新的知识结构网络也有助于记忆应用和快速提取。

4. 不教自学

英语教育教学不仅是以学定教、以教导学、多学精教，其最终的目标恰是不教自学。教是为了不教，不教是为了能自学。终身享受自学的乐趣是学生学习的最终目标，也是学生学习最理想的追求。语言沟通的本质特征是具有双向或多向的交流性和沟通性，而且双方或多方都是不依赖于他人独立、自主的个体。这就是不教自学的自然境界。

5. 以学定教、以教导学、多学精教、不教自学和谐地互动发展

中国外语教育体系是强调以学生发展为本为重点。除学生以外，教师也是一个重要角色，教育大计，教师为本；教育教学改革，关键在教师，只有有了好的教师，才可能有好的教育。因此，以学定教和以教导学两者之间具有内在逻辑联系。教师不只是知识的载体、来源，也是传道、解惑的，教学不但不能以教定学，把教师作为主体，而且也不能排斥以教导学，仅仅把学生作为主体。教师应该教会学生学习和运用知识的方法，所

谓"师傅领进门，修行在个人"，但是这并不是否定教师的作用，而是更多地强调教师对学生的引导作用。因此师生之间应该互敬互爱，教师应该尊重学生的人格，学生应该尊重教师的付出。

尤为重要的是，英语教育教学不能止步于以学定教、以教导学；以学定教、以教导学还需通过多学精教才能最终通达不教自学的最高境界。因此，以学定教、以教导学、多学精教、不教自学是一个蕴含内在逻辑联系的统一体，四个方面互动、生成才能达到英语教育教学理想的目标。教师的职责就是教书育人，培养学生的发展。教师把全部的精力投入教书育人中，无论是一件细小的事情还是一堂微不足道的课，教师都是为了有效激励学生的思想情感，激发学生求知欲望，培养学生独立学习的能力，同时也体现了自身的价值。它更直接体现在不教自学的最高境界之中。

根据辩证法理论，对于学生来说，学习是内因，教师教学是外因。内因是起决定性作用的，外因通过内因起作用。这是以学定教的哲学基础；但是外因能起强大的反作用，因而激励、推动内因的发展，这是以教导学的哲学基础。

（三）英语素养与积极的学习态度协调发展

1. 英语素养与积极的学习态度协调发展

传统英语教育将英语素养与人文精神的关系从英语素养与积极学习态度的关系中分离出来。学习像攀登一座大山，学生上气不接下气，花大量的时间，但效果并不理想。学习和运用英语知识，积极运用脑、耳、眼、手，以积极的态度学习英语，能快速有效地提高英语的学习效率。

积极的学习态度是人类精神的重要体现。调动学生学习英语的积极性和主动性，以达到更好的学习效果。

2. 英语素养与信心、兴趣协调互动发展

随着学生英语素养的提高，他们会逐渐变得对学习充满信心和兴趣。这是学生在学习英语时所表现出的自信和兴趣。英语不仅是学生学习的重要课程，而且是他们生活中不可或缺的一部分。学习的信心和学习的兴趣不仅有助于提高，还能帮助学生克服各种心理障碍。如果学生能积极克服困难，那么每一次努力，克服困难的喜悦也能带给学生成就感。

(四) 过程、效率和结果有机的融合

学科教育教学是传承文化知识和人文精神的主要渠道，其中作为主要学科的英语的教育教学，更是落实发展英语了解扩展外国文化视野的主要学科。提升英语素养和人文精神的场所是课堂，因此，英语课堂教学不仅要注重提升英语素养，同时也要培养学生的人文精神，而英语教育、课程的实施和课堂教学是一个过程，人文精神务必体现在整个英语教育教学过程之中，并使学生在掌握英语的过程中同时也能潜移默化地感受人文精神的熏陶。鉴于此，英语教育、课程与教学既要重视学习结果，更要关注学生学习英语知识、发展交际运用英语的能力，以及陶冶情志、扩展世界文化意识、学会学习和形成人格的学习过程。英语教育要遵循学习过程，探索学习的规律，我们不能只强调结果，往往只凭考试成绩来判断教学质量的好坏。英语教学要重视效率，不能让学生花费大把的时间和精力去评比考试成绩的好坏。学习英语的关键还在于减负增效，让学生能花费最少的学习时间和精力去取得最大的效果。所以，我们要把教学过程、工作效率和考察结果很好地结合起来，充分发挥学生的个性，发展学生的意志、潜力、创新精神、创造能力与实践能力。

总而言之，辩证唯物论和科学发展观的指导意义，既具体体现在以人的发展为本，英语素养与人文精神的整合发展，以学定教、以教导学、多学精教、不教自学，英语素养与积极的学习态度协调发展，过程、效率与结果有机融合方面，而且还全面体现在学生的全面发展与个性发展，英语的学与思、知与行，英语知识、技能与交际运用英语的能力，英语与母语、思维与英语，听说读写交际运用英语的能力，学习与习得、交际运用语言能力与综合运用语言能力，输入量与吸收量以及输出量之间的关系处理等方面。

三、语言学理论基础

历史比较语言学主要研究和比较几种语言的变化和发展的历史，比较几种语言的语音、词汇和语法结构的变化和发展，以及几种语言的相同之

处。以便获得各种语言的相同和不同的构造语系。历史比较语言学表明，不同的语言来自同一种始源语语言。语言源于原始人的叫声、对自然声音的模仿、身体其他部位的动作等。英国学者琼斯发表论文指出，拉丁语、希腊语和梵语有着相似的词根和语法形式，并得出结论，他们都属于同一种始源语。还有一个先例是，当语言学成为翻译理论的基础时，语言学就成为外语教育和学习的理论基础。因此，外语教学方法的研究和教学将重点放在外语教学理论上，从外语教学理论中寻找外语教学的实践方法。

（一）知识与能力

知识是什么？能力是什么？这是一个当前外语教育界争论的热点问题。外语教育要把知识与能力的概念和含义辨认清楚。为此，首先必须加强对哲学、语言学（当然也包括心理学、教育学等）的语言知识观和语言运用能力观的理论关注，加深对知识观与能力观的历史发展变化特征的认识，吸收知识观与能力观新的理念，使传统与现代、历史与现实、理论与实践相辅相成和沟通融合。然后，回过头来反思分析外语教育中知识与能力的问题和探索其未来的发展方向，就能看得更清楚、领悟得更透彻和体会得更深刻，就能更好地提升外语教育理论的科学性和实践的有效性。

任何事物，它的内部都包含着本身独有的矛盾，这样就制造出一事物区别于其他事物的特殊本质。概念的内涵是反映其事物内部固有的特殊矛盾和区别于他事物的特殊本质，是反映事物的本质特点。因此，明确事物的概念及其内涵，能提示它的本质特征和实质内涵。交际运用语言能力，是外语课程中最关键的术语和最核心的概念。以哲学和语言学为理论基础，认识语言知识与交际运用语言能力的概念及其实质、内涵和潜藏的因素及其关系，就能直接作用和深刻影响外语教育的方向、性质、价值观、教育目标、教学内容、教学过程、教学策略方法和教学评价等。以哲学和语言学为理论基础，反思、辨别和论证什么是语言知识与语言运用能力的概念、本质特征和潜藏因素及其关系的来龙去脉，就显得具有特别重要的理论和现实意义。

（二）语言与言语

德国哲学家、语言学家洪堡特（W. V. Humboldt）曾在《语言结构的多样性》中指出,语言是人脑的内在结构,是说话者的智能部分,也是大脑的创造性能力。人类可以用有限的语言手段创造无限的语言行为。他还揭示了语言的概念,认为语言是一种外显行为。瑞士著名语言学家索绪尔强调语言在社会中的作用,强调语言在人类生活中的作用。他的学生们根据题为"哥白尼语言学革命"的讲座编写的《普通语言学》一书中,区分了法语的两个基本概念:语言和言语。语言学界对这一差异赞不绝口,认为语言与言语的区别对语言本质的研究有着巨大的历史贡献。

1. 语言

语言和语言系统是一样的。作为一个代代相传的系统,语言是一个抽象而稳定的系统,它包含着言语、词汇和语法结构规则,隐藏在人们的头脑中,是内在于大脑中的一种语法系统或普遍规则。所以,语言具有社会性,它决定每个人的听、说、读、写的具体方式。

2. 言语

言语是指语言运用,是指语言"运用"的范畴,是人们说出和听到的话,也是人们写作和理解的内容。语言是人们在说话和表达内容时,内在智慧象征与心理生理结构相结合的结果。因此,可以说,言语是语句的产出、表达和运用。它反映了说话的人的个性特征,并且总是与特定的情境、环境和情感密切相关。所以它是不断变化的。与语言相比,言语具有人文性、特殊性和变化性等特点。

语言和言语既不同又相互联系。语言是言语的形式,是语音、词汇和语法结构组成的系统。言语是语言表达的内容,但语言和言语是密切相关的。

(三)语言结构与实际话语

布龙菲尔德的《语言学》的出版,标志着结构语言学的诞生,从30年代初到50年代末,结构语言学成为世界上的主流语言学。布朗菲尔德完全赞同索绪尔的观点,即语言应该在语言和言语之间加以区分,根据这一观点,语言领域被划分为两个要素:语言结构和实际话语。

1. 语言结构

语言结构的特征对社团全体说话者来说都是一样的,是语音、语法范畴和词汇等组成的一个严格系统。语言系统，是一个语音、词汇、语法习惯的稳定结构，是一个语言社团可能说出的话的总和。

2. 实际话语

实际话语（即言语）的特征是语言系统未固定的方面，各方面各不相同，而且在系统的特征上都是因时因地和因具体情境无限变化的。实际上布龙菲尔德描述习惯的、稳定的和严格的语言结构系统与实际话语的区别特点，与索绪尔的语言与言语的内涵完全一致。

（四）语言和言语行为

奥斯汀把说出的语句分类成三种言语行为。一是说出语句行为（locutionary act），主要是指用语言组成的声音，构成符合语法的句子或用表达某些事物意义的综合体来完成的行为。二是用语言做事行为（illocutionary act），是指在特定的语境中、特定的条件下，抱有特定的意向说出语句来完成的行为，诸如 threatening、praying、promising 等。三是用语言"取效"行为（perlocutionary act），主要是指用语句完成事件并取得效果的行为。塞尔在这基础上又补充了第四种行为：命题行为（prepositional act）。他认为，用语言做事包含着命题和言外之力（illocutionary force）。词面、句面意义和言外之间，是紧密联系的。所以，说出语句时，四种行为，即说出语句行为、用语言做事行为、命题行为和用语言取效行为，是同时实现的。

塞尔根据用语言做事行为的四个条件或四条标准，进一步对用语言做事行为进行了分类。这四条标准，一是基本条件：说出语句的意向（目的）；二是真诚条件：呈现出的心态；三是先决条件：合适的方向，即语句与世界的关系；四是命题条件：命题。

奥斯汀和塞尔提倡的言语行为，在语言教学和教学大纲设计中常被用作语言功能。索绪尔、奥斯汀和塞尔对语言和言语区分的观点基本相似。他们都把言语看作是说话，是语言运用，是听说读写运用语言，仅仅是后者把说话进一步看作是言语行为，用语言做事的行为。

表 2-2-1　索绪尔、奥斯汀和塞尔的语言观对比表

索绪尔	奥斯汀、塞尔
语言是社会产品	语言是社会现象，是文化的载体
语言是社团心智的产物	语意源于心智的意向
语言规则系统存在于个人的大脑中	言语行为要遵循社会使用规则
交际要符合语言规则系统和社会使用规则	用语言做事行为受意向和社会使用规则制约

（五）语言行为潜能和实际语言行为

以捷克语言学家马泰休斯（Mathesius）、波兰社会人类学家马林诺斯基（Malinowsky）、英国语言学家弗斯（J. R. Firth）及其学生韩礼德为代表的英国社会语言学派，即功能语言学派，把语言看作是社会现象，是人类生活的一种方式，是人们社会活动的有机组成部分。由此，他们跳出了语言形式研究的局限性。

选用语言行为潜能（linguistic behaviour potential）和实际语言行为（actual linguistic behaviour）两个概念来替代索绪尔的语言与言语和乔姆斯基的语言能力与语言运用的概念。三人在言语问题上的观点基本上是一致的。他们都认为，言语是说话者实际说出的话。韩礼德对语言问题则有自己独特的看法。他认为，语言不是一种"知识"或"知"的方式（a form of "knowing"）。语言是一种"做事"的方式（a form of "doing"），是说话者在语言和文化上选择的范围，即言语行为、能做事的范围。语言是说话者"能做"的事，言语是说话者"实际做了"的事。言语是要得体地使用语言，要根据特定的时间、地点、人物、怎么说、说什么话（when and where and how to say what to whom）。人们可通过语境变化、交际文体差异、交际双方的社会身份和关系来预见学生用语言做事。

韩礼德在言语行为理论的基础上，对语言功能理论做了深层次的发展研究。根据韩礼德的描述，儿童学习使用母语时的七个基本语言运用功能如下。

（1）个人功能：用语言表达情意。

（2）想象功能：用语言创造一个想象的世界。

（3）工具功能：用语言取物。

(4) 互动功能：用语言与他人互动。

(5) 启示功能：用语言学习和发现。

(6) 调节功能：用语言控制他人的行为。

(7) 陈述功能：用语言交流信息。

选用语言行为潜能（linguistic behaviour potential）和实际语言行为（actual linguistic behaviour）两个概念来替代索绪尔的语言与言语和乔姆斯基的语言能力与语言运用的概念。三人在言语问题上的观点基本上是一致的。他们都认为，言语是说话者实际说出的话。韩礼德对语言问题则有自己独特的看法。他认为，语言不是一种"知识"或"知"的方式（a form of "knowing"）。语言是一种"做事"的方式（a form of "doing"），是说话者在语言和文化上选择的范围，即言语行为、能做事的范围。语言是说话者"能做"的事，言语是说话者"实际做了"的事。言语是要得体地使用语言，要根据特定的时间、地点、人物、怎么说、说什么话（when and where and how to say what to whom）。人们可通过语境变化、交际文体差异、交际双方的社会身份和关系来预见学生用语言做事。

（六）语言与交际能力

英国社会语言家海姆斯基于言语行为理论和功能语言学理论：语言功能，是言语行为，是用语言做事的观点，对比区别乔姆斯基的"语言能力"后，第一确定了的是交际能力（communicative competence）的概念。海姆斯认为，一个获得交际能力的人，他必须获得语言知识和使用语言的能力。

海姆斯和威德森等的观点是，语言是用来交流的，语言技能，如语言知识，是交际技能的组成部分，掌握了交际技能的人必须同时具备语言知识和语言运用技能。因此，如果我们不了解使用规则，仅仅掌握语法规则是没有用的。交际能力的四个特点如下。

(1) 能够分辨和组造出适合语法的短语。

(2) 能够判断语言的形式环境，以恰当的方式使用语言。

(3) 能够在真实的语言环境中正确使用语言。

(4) 在实际交际中，理解语言是经常被使用和限制的。

海姆斯认为，交际技能实际上不仅包括语言知识和应用，还包括接受性、相关性、适用性和有用性四个特征。由于没有明确的客观标准来衡量交际，海姆斯提出的交际的四个特征没有达到公认的权威和科学水平，也没有得到公共语言学家和功能语言理论倡导者的一致认可。

《牛津语言学词典》中对交际能力是这样定义的："一个说话者在一个社团中熟练地运用语言规则和惯例等的整套知识。这是 20 世纪 60 年代后期，海姆斯用以区别乔姆斯基把能力概念限制在语法知识范围内。"

（1）语言知识或语言能力是指对语言的发音、词汇、语法结构、语言规则和语言功能的认识。

（2）语言的运用是指社会对语言的运用和实践，以及履行交际功能的能力。

（七）知与行

韦德森说得非常简洁明了，语言学习有两个方面：知和行。知是反映语言知识，即对语言结构的认识，如语音、词汇和语法。行是指用语言做事：言语、语言技能、言语行为、交际技能和交际行为，其实，美国外语学习中"知"与"行"的概念，与中国传统文化中的学问思辨理念是相通的，是文化与教育的统一。

四、心理学理论基础

（一）心理学的知识观对英语课程与教学的作用

知识问题既是教育的一个基本问题，也是现代心理学的一个基本问题。什么是知识？那是什么知识？学生如何获得知识？了解这些问题可以从课程形式、教育特点、学习方法和评价方法等方面对学校教育进行研究有直接的影响。下述内容将从现代心理学知识的角度探讨对我国课程和英语教育的影响。

1. 心理学的知识观

语文教育对知识的定义是从哲学认知的角度来描述的："所谓知识，

就其内容而言，是目标、客观世界在人脑中的属性和联系的反映。它是一种主观印象，在活动形式得到反映的同时，又可以表现为一种感性的感知或对属于感性认识的主体的表达。有时它表现为与理性认识有关的事物的概念或规律。它是理解事物的属性和联系，这些属性和联系表现为对事物的感知、表达、概念和规律的心理形式。

信息加工是由认知心理学定义的。这是个人和环境之间的互动。它是存储在个人身上的，即通过个人知识、书籍和其他媒介存储在个人之外，即人类的知识。与传统的以哲学认知理论研究知识的知识观不同，认知心理学和心理学关注的是个体获得知识的性质、类型、过程和条件。学习如何存储和提取知识，以及如何应用它。认知心理学区分了认知领域：迭代知识、过程知识和方法论知识。

迁就性知识是指个体提取一条线索，直接重复信息，然后问："是什么？为什么？怎么样？它是一个可以回答的问题，可以用来表达和传达英语中的词义、连续概念、构词格式、意义以及如何在语言中使用他们等。

流程性知识，又称智慧技能，是指不自觉地提取线索的个体，只有通过某种间接的交流才能形成知识。说明如果一个学生能用适当的动词完成一个句子并总结课文的主题，那么学生就具备了相应的程序性知识。

方法性知识也被称为认知策略。它主要调节认知过程，提高学习效率。例如，学生可以使用不同的策略来学习英语单词，例如联想、立体、同义、对立和组合词。

中国教育知识观中的知识与认知心理学中的陈述性知识相对应。它主要是核心事实和概念，只涉及知识的保存和提取。是一种记忆性知识，而技能与能力又是单列的。

2. 心理学知识观对英语课程与教学的影响

（1）心理学的知识分类与英语课程的目标框架

我国《全日制义务教育阶段英语基础课程标准（2001）》确定了课程设置的目的。"语言和文化意识相当于陈述性知识。听、说、读、写能力等于智慧技能和动作技能，即程序性知识。过程和方法是学习和方法。相当于学习策略方法性知识。情感态度和价值观等同于情感态度。"因此把过程看作是英语课程标准的三个维度似乎要困难得多，课程改革的总体指导思想反映在英语课体系中，就是既要体现课程的特点，也要体现课程的目的。

　　事实上，课程侧重于认知学科（陈述性知识和程序性知识），不仅整合了知识和能力的基础，还整合了语言技能的交际运用（也涉及程序性知识），我们要注重思想、情感、伦理道德等方面的素质和信仰，以及智力、人格、知识和跨文化技能和自学能力的培养。外语课程的建设、开发和实施的目标是恢复英语学科自身的多元价值，拓展和深化英语学科的教育功能，使学生具备智力和情感意志。培养学生积极有效的学习能力、辩证思维能力和正确思维能力，同时培养学生的思想文化和自学能力，提高英语的识字率，这不仅体现了语言学科的工具性和人文性，也是小学生全面发展的素质要求。

　　（2）英语教材中的知识类型与教师对教材的理解和使用程度

　　传统教材受"主体"和"以书为本"思想的局限，过分强调英语学习的知识体系（语法、结构等）和陈述性知识。改革开放以来，新的英语课程、新的课程模式和新的英语教材通过设计各种言语和语言活动来提示教师，为将陈述性知识转化为程序性知识提供了多种可能性。然而，在教材的编写过程中，存在着一种称为"合并"的现象。除此之外，教科书只是教学活动的一种辅助工具和资料，教材的内容是有限的，要完全适应教师自身的英语教育和教育现状是不可能的。不加思考不仅不能实现这两类知识转化的目标，而且知识的缺乏和交际应用的不成功都会让学习英语的学生感到挫败，因此，教师根据英语教学的具体情况，设计必要的、多样化的练习和技能训练活动，不仅仅是获得语言知识（陈述知识）、语言技能目标，甚至是获得言语交际的使用。

　　诚然，无论是程序性知识还是陈述性知识，在外语课程、教材、教育以及两种知识的互动转化中都不容忽视。然而，进入21世纪以来，我们的英语课程和我们的教育目标一直与这一方向背道而驰，他们忽视了英语中的交际技能，如英语中的交际技能（有时提出促进交际技能、跨文化交际技能、交际技能和在外语思维等方面过高的要求），忽略了陈述性知识，因为语法弱化了，而忽略了程序性知识，因为进一步轻视两种知识的转换，基础教育阶段英语课程的总体目标是培养学生综合运用语言的能力。

因此，培养学生的综合语言应用能力是普通英语课程的核心目标。与美国的外语学习模式相比，这五种主要的目标图是由五个圆和五个环构成的平衡和连接。然而，中国英语课程标准的总体目标图只有一个核心目标。

另外，英语教材中很少有策略性知识，尤其是以英语教材知识为主的传统教材，2001年以来的新教材对这一知识给予了重视，但教材可能不够含蓄和系统。此外，这种策略往往是实用的和个性化的，因此学习这种知识很容易被教师忽视。教师通常只能看到大量的陈述性知识和大量的程序性知识，如教科书中所描述的语言、活动和任务活动。然而，由于缺乏正确的课程设计，也没有意识到策略性知识对学生语言学习和发展的价值，而考试并不是一个直接的衡量标准，因此忽视了策略性知识。策略性知识有助于培养学生的自主学习能力，是学生必要的知识储备。教师在教授策略性知识时只是有意识地灌输材料的内容。相反，应该指导学生不断地反思和总结。

除了学习策略外，情感态度、文化意识和技能以及智力发展都是英语课程中较为隐含的课程目标。这些都很难直接在英语课本上呈现，学生也很难直接掌握和学习，而这些需要在学生的学习过程中进行。虽然他们并不独立于知识和语言技能，但他们总是存在于语言学习的过程中，根本无法被传授。为了强调他们的地位和价值，在学理层面有必要暂时区分他们。但在实践操作上，他们是一体的。

总而言之，虽然英语教育反映了设计者对知识本质的理解，但教育仍然是静止不动的，教师在课堂上如何使用这些教材是由教师自己决定的。当教师拥有知识和技能时，不可避免地会忽视其他知识和技能。如果教师头脑中只有沟通能力和跨文化交际能力，那么使用教材时夯实双重基础就被忽视了。这些都导致学生只注重英语或跨文化交际的发展，而忽视了英语文化和人的全面发展。

（3）英语教学要重视知识类型之间的转化

一般认为教师在教学中起主导作用，主要指的是引导。从现代心理学和心理语言学的信息加工理论来看，教师的主导性作用主要体现在获得陈述性知识、程序性知识、策略性知识和各种类型的知识的转化过程中。

在英语教学中，过去教师强调演绎式的讲解和教学，只注重语言、语法、词汇等语言知识的传授。学生机械地死记硬背，但不知道如何应用。学生的技能（听、说、读、写）学习也是畸形的、不完善的发展，听说能力的培养完全被忽视了，造成了普遍性的"聋子"和"哑巴"现象，即便最受重视的"读"，也只停留于字面意义的理解，缺少思维深层意义和文化含义进行了深入的思考和挖掘，而对于阅读技能和策略的学习则更是少有问津。至于"写"，则是不到应考冲刺阶段不"显身"，原因是担心它可能会占用有限的知识教学时间。当然，造成这种现象的原因是非常复杂的。然而，从心理学知识的角度看，强调的是陈述性知识，同时对程序性知识的片面理解和对策略性知识的忽视。

进入21世纪以来，英语课程改革和教育改革受到了影响从而走向另一极端。在用中做、做中学与"培养交际能力"的影响下，重点培养学生的交际能力、跨文化交际能力和外语思维能力。然而，语法知识弱化，言语学习和实践、词汇和语法被忽视，学生在使用语言知识时发现了许多错误，但没有及时得到纠正。此外，缺乏坚实的语言基础，学生对于语言技能的应用出现阻碍和非良性发展，难以展示跨文化交际能力和交际技能。

针对我国英语教学中的问题，教师需在促进学生知识转化问题上有所作为。

①从陈述性知识向程序性知识转化

在如何将陈述性知识转化为程序性知识的问题上，最重要的问题是陈述性知识的程序性问题。安得森曾经描述过"程序化"的问题。这个过程的核心是陈述性知识的技能化或能力化、程度化或自动化。而必要的语言知识是培养学生学习语言能力的基础。然而，仅仅掌握语言技能是不够的。它需要大量的实践和应用使其程序化，进而转化为语言技能和交际运用语言的能力（程序性知识）。以目前的英语教学为例，如果一个学生逐渐主导了概念或形式，但不理解其含义，或无法在实际交际中理解和运用，那么这个过程是不够的。这就说明了随着实践的增加，陈述性知识转化为程序性知识，最终形成自动化的交流技能。这时，学生不需要死记硬背这样的语言知识，还可以进行初步交际。

②从流程性知识向复述性知识转化

在学习过程中，运用陈述性知识，将陈述性知识转化为过程性知识，甚至可以反向运用。为此，教师在交际过程中引用一些陈述性知识，使学生将程序性知识转化为陈述性知识。如果这些步骤被忽视了，许多学生也许能够流利地表达，但是他们的语言中有许多错误。从长远来看，这会导致石化现象。为了防止这一现象的发生，K. Johnson 还指出，程序性知识应该被"陈述化"，例如，大多数中小学教材目前都把重点放在帮助学生发展听力技能上。学生在获得了一定的程序性知识后，教师要帮助学生理清陈述性知识，提高学生的语言意识，防止学生出现"课堂上兴高采烈，考场上黯然神伤"的情况。当然，掌握陈述性知识并不是教育的最终目标，一旦对知识、结构和感念有了理解和掌握，就可以广泛应用于现实交际情景中，从而达到对语言形式的自动化运用。知识转化不一定是复述性知识向流程性知识的单向运行，也可以是两种知识的双向转化。从陈述性知识向程序性知识转化和从程序性知识向陈述性知识转化本质上是两种互不区别、互相补充的学习方式。路径的选择取决于许多因素，而学习的有效性取决于这些因素的组合。

③程序性知识和策略性知识之间的转化

策略是一种特殊的、技巧性的程序性知识。如学生在运用知识进行听说读写过程中，都会有意或无意地使用一些技巧性策略，这种策略实际上就是一种关于如何有效交际的程序性知识。学生学习英语不仅要从陈述性知识（语言知识）向程序性知识（听说读写）转化，也要学会从一般的程序性知识向策略性知识转化，以提高运用语言的效率。如英语阅读中，学生针对不同的阅读目的和任务采取不同的阅读策略，为了了解文章大意进行浏览阅读，为捕捉具体信息而采用跳读策略，对生词也可实施多种猜词策略。一方面，教师要在学生掌握一定语言知识的基础上，逐步培养学生的阅读能力。通过大量阅读练习，让学生获得阅读的策略性知识，从而实现程序性知识向策略性知识的转化。另一方面，教师也可有意识地训练学生的这种策略意识，以提高学生运用语言（程序性知识）的能力和效率。

另一种策略是元认知策略，它不参与学生的认知过程，而是教学生进行自我调节和自我控制。一般来说，回答有关如何更有效地学习、思考和调整学习进程的问题。如何制定课程来确定学习目标，利用学习机会，分析经验和推广有效的学习和自我评估方法。

简而言之，策略性知识不仅可以帮助学生提高学习效率，使他们轻松高效地学习，而且可以帮助他们更好地理解和自我管理，帮助学生最终成为自学成才、自学能力强的学习者。

总之，从现代心理学和心理语言学的角度审视课程与英语教育，不仅能够认识到英语课程、学习材料和学习领域中不同类型的知识，还能介绍不同类型知识之间的连续性和互换性，令人辩证地审视知识、能力和英语学习能力之间的联系。

（二）默会知识和外语课程与教学

1. 默会知识论

（1）明确知识和默会知识

1958年，英国科学家和哲学家波兰尼在《人的研究》一书中明确区分了"明确知识"和"默会知识"："人类有两种知识。通常所说的知识是用书面文字或地图、数学公式来表述的，这只是知识的一种形式。还有一种知识是不能系统表述的，例如我们有关自己行为的某种知识。如果我们将前一种知识称为明确知识的话，那么我们就可以将后一种知识称为默会知识。"

显性知识是可以通过语言、文字和符号来表达的知识，而其他类型的知识则是隐性知识。隐性知识是一种不能清晰表达的知识。我们在日常生活中经常能感受到。就数量而言，它超越了显性知识。与隐性知识相比，显性知识犹如冰山一角，但大量的隐性知识隐藏在冰山的底部。

波兰尼不仅强调默会知识的存在，而且强调默会知识的优先性。心灵的默会能力在人类意识的各个层次上都起着决定作用，并具有主导性。任何通过语言和其他符号能够呈现的明确知识都依赖于默会知识的存在，都必须有默会知识的支撑，人类的认知过程本质上是默会的。无论是明确知识还是默会知识，都是物质世界和现实社会生活在人的意识观念中的反映。因此，在外语课程与教学中要关注明确知识，更要重视默会知识。

（2）默会知识具有个体性特征

默会知识还具有个体性特征。波兰尼的默会知识论强调认识和认识主体的不可分割性，反对"没有认识主体的认识论"，反对人的"淡出"。默会知识是一种个人知识。在明确知识学习过程中，对知识获得起作用的是默会知识，学生对明确知识的接受程度或结果取决于学生本身能否用自己的默会能力赋予名言、符号以意义，取决于学生本身能否充分发挥主观能动性和创造性。并且不同学生凭借各自的默会知识、主观能动性和创造性对同样的知识会赋予不同的理解。很难想象，没有个体默会的"协同性因素"，这种理解会得以产生。

默会知识毕竟是一种不能明言的知识，默会知识具有一系列与明确知识不同的特征，主要有五个：非逻辑性、非公共性、非批判性、情境性和文化性。

2. 默会知识论对英语课程与教学的启示

传统教育过分强调对于书本上的知识或明确知识的学习。所有类型的教育，如目标、内容、课程、方法和评估，都以教科书知识为基础。显然，默会知识没有"知识"或价值。它不受学校教育机构的关注和支持，因为它不同于传统意义上知识获得的随机性和偶然性，也不同于明确的界定知识传播方式。在传统教育中，默会知识被认为是没有合法地位的，它在学校教育中的存在和作用被忽视。波兰尼的默会知识理论为我们研究教育提供了一种新的思维方式，他提示我们学校教育既有默会知识，也有明确知识。"在类型上，教师和学生都具有默会知识。特定教育内容的默会知识、教育学习行为、师生互动。在语言学习和社会交往方面有着隐性的知识。默会知识与学习知识和学习自然知识有关。教学过程中存在着关于教学过程的默会知识和关于教学领域的默会知识。"默会知识理论的价值不仅区分了两种不同类型的知识，而且揭示了人类认知过程的默会本质，扩大了人们对知识复杂性的认识，使知识显性化，改变了知识传播的视野。

语言学习是一个反复实践的过程。仅靠学习明确知识不足以使用语言进行人际交流。学习者必须依赖默会知识理解明确知识，并且通过大量的语言实践发展默会认知的能力。如果从知识论的角度谈论英语教学会有如下发现。

（1）关注学生的默会知识，凸显学生个体的主体性

传统教育只重视明确知识转移的过程，教师认为自己是知识的"传递

者",认为学生接受知识的过程是"无知"接受,学生个体的默会知识完全受到人们的忽视。我们应该认识到,学生们不仅在接受知识,而且还带来了各自的默会知识。他们身上存在着一系列影响个体学习知识的"个体协同性因素",包括个体经验、情感、判断、评价、想象、直觉、理智、激情、信仰或者困惑、责任、良心等。尽管这些知识的存在是隐性的、模棱两可的或不完善的,但对于学习者的学习具有支撑作用。教师不仅要认识到这种默会知识的存在,而且还要对这些默会知识进行甄别和探索。

教师必须考虑到学生无法清晰表达的隐性知识。一般来说,课本上有明确知识。教材内容的理解、解释、综合和运用是以隐性知识为基础的。隐性知识具有个性特征。例如,教师需要通过指导学生阅读来评估学生的知识。不能调动和利用学生的隐性知识来理解文章的知识、内容和结构,也不能引导学生做出理性的假设、推论和判断。由于文化背景的不同,学生的默会知识干扰了正确的理解,教师也需要进行一些纠正。简言之,教师需要充分利用自己的知识,利用深藏在冰山下的知识。

(2)提供大量"理解性输入",促进语言学习和习得

克拉申曾经提出"输入假设",认为学习者提供大量"理解性输入"(即听和读)有助于语言习得。他区分了语言"习得"和"学习"两个概念,认为习得是在非正规教育(自然环境)框架下无意识地获得语言能力的过程,而学习是在正规教育框架下有意识地学习语言规则的过程。尽管克拉申提出的学习是习得之果,而非习得之因,学习不能导致习得的观点未免过于片面,但是,在自然情景中无意识习得有助于在正式情境中的有意识学习。克拉申认为,学习是一种结果,而不是学习的原因,虽然这种观点是片面的,但在自然环境中的无意学习有助于在正式环境中有意识地学习。因此,自然语言的输入是非常重要的。从默会知识论角度来看,应强调通过复制知识获得语言技能的过程就是获得已知知识的过程,而获得已知知识的过程应以复制知识为基础。克拉申强调语言输入(听和读)对语言习得的重要性。他承认在语言学习中有一段"沉默期"。一旦达到一定的水平,学生可以自动输出或表达。因此,学生可以通过默会认知获得使用语言的能力,并且必须依靠默会知识来学习语言(明确知识)。

"理解性输入"是指稍超出学生现有水平的语言输入,克拉申曾用"i

+1"加以说明：i 指的是学习者目前的语言水平，"i+1"则是学习者按习得顺序紧随其后的阶段，即稍超出目前水平的阶段。学生凭借一定的情境和语境、超语言信息以及有关世界的知识使理解得以产生，从而使学生从 i 阶段过渡到"i+1"阶段。这种看来自然的理解过程正说明了学生默会知识的存在及其重要作用。因此，教师在课堂教学情境中应为学生提供足量自然的可理解性语言输入，让他们充分调用自己的默会知识，促进学生的内隐（默会）学习过程。默会知识本质上是一种理解力，因此，与传统的语言知识的灌输相比，让学生接受大量的语言输入以促进其默会学习的方式显得更为自动、自然，从某种意义上说也更为有效。

（3）为教学内容提供更多情境支持，提高学生的理解力

明确知识占有重要地位，无论是在习得前阶段还是在外显表达阶段。儿童在学习母语和与他人交流，都以惊人的速度对外部事件和信息作出反应。由于缺乏隐性知识，在母语环境中学习外语或第二语言不能像使用母语那样自由地使用外语。

即使在语言学习的早期阶段，默会知识功能也不应首先传授语法知识，而应鼓励学生掌握语言技能和应用技能。这说明，我们必须为语言学习提供一个良好的语言环境。情境以整体的方式作用于人，人通过对情境的直觉把握和领悟，从而理解语言、运用语言。教材中的知识多为明确知识，而明确知识的讲授必须根植于学生默会的理解之中。由于默会知识具有情境依附性特征，教师必须针对教材内容设置丰富多样的情境，让情境自动地唤醒默会知识，促使学习者默会地理解语言和语言运用的规则，为教学内容提供情境支持的本质目的是提高学生的理解和运用能力。

同时，我们必须认识到，默会知识对教育的影响是自发的，无论我们是否能够察觉，对明确知识的影响可以是积极的，也可以是消极的。学习英语的最终目的是让学生能够进行跨文化交际和沟通思想情感。而跨文化交际的障碍不仅存在于显性的社会规范中，也存在于隐性的社会规范中。人们的交往是由根植于文化传统的所谓"潜规则"来定义的。因此，教师必须检查、修改或应用学生的默会知识体系，以克服其对学习过程的负面影响。

第三章 互联网视角下大学英语混合式教学模式研究

互联网的发展,给生活也给学习都带来了便利,给各个行业也带来了发展的机遇,例如,大学英语教学模式就因为互联网时代的到来不断革新。本章将重点对互联网视角下大学英语教学模式中的混合教学模式进行研究。

第一节 互联网视角下大学英语主要教学模式

一、大学英语混合型教学模式

(一)"大学英语"课堂教学模式简述

"大学英语"是各级院校的必修基础课,在人才培养规划中具有重要作用。近年来,随着互联网的积极发展,由于移动电话传播理念和信息技术的应用,课堂教学形式不断得到改善,MOOC、微课堂、翻转教室、社交平台、手机应用等进入课堂,不仅为学生提供丰富的教育内容,还为师生搭建了一个知识共享的移动学习平台。

事实上,"网络"课堂还没有渗透到"大学英语"课堂中。大多数教师都采用了传统的教育方式,传统课堂教育与"互联网"的交汇点的教育研究进展缓慢。为此,有学者认为,制约其发展缓慢的主要因素是:(1)教师因素;(2)学生因素;(3)其他客观因素。首先,互联网提供了各种各样的教学资源。教师需要投入更多的时间和精力来选择正确的信息。MOOC 和微课的开发和录制需要团队的合作,包括教学内容、视频录制和后期制作设计,同时要对教师的专业素质和信息技术能力进行双重测试,有的教师则是"单方"的。其次,虽然新教材对学生以其强大的吸引力牢牢地占据了学生的视线,但常年的"填鸭式"的学习模式束缚了学生探究问题的主动性,也限制了教师发现问题时的主动性。最后,大学在探索新的教育模式方面存在差异,客观上限制了英语教师打破传统的教育方式,限制了他们利用网络探索教育的积极性。此外校园网建设的不足和质量的低下也对网络学习模式的广泛推广产生了负面影响。

(二)多元化混合型学习平台

"大学英语"的混合模式离不开各种混合式学习平台和课外教育体系的支持。它的目标是打破语言学习的时空障碍,为师生提供更多的学习资源,拓展学习维度,整合学习效果。以下介绍一些常见的实用学习平台。

1. 慕课

MOOC 始于美国,其英文名字为 Massive Open Online Course,翻译成中文,就是一门重要的网络公开课。它具有用户群不受限制、内容免费、资源相对可靠的特点。许多用户认为这是一种自我学习的产物。教师向学生推荐 MOOC 网站和 MOOC 课程,或根据教师专业要求和学生特点,MOOC 是在全面理解 MOOC "自主学习+发明教室"的内涵和概念的基础上,探索"大学英语"在"绩效报告"中的教育模式。针对学生特定的"大学英语"学习要求,可以定期将这种模式改为"MOOC+倒装课堂",以满足学生对知识广度和深度的要求。我们需要个性化的师生和 MOOC 之间的交流,改变课堂。

国内相对比较成熟的"学堂在线"和"好大学在线"等慕课网站依托优秀的大学教学资源,对"大学英语"教学具有一定的指导意义。

2. 微课

微课特征有:时间短,知识持久性强,教师可以从中延伸,增加"小班逆向课"等教育方式。与 MOOC 相比,微课面向内容,上课时间短,完成后格式更灵活,属于碎片化学习,在知识体系和逻辑上都低于 MOOC。教师可以根据自己的实际情况和课程情况选择应用程序,充分利用微课和

MOOC 的优势。

3. 微信平台

微信英语学习平台大多是基于微信软件的个人客户和公共平台，具有数据传输、资源共享和交互通信功能。与 MOOCS、微信和网上公开课相比，它们的学习方法还不完全规范。基于微信的传播功能，其可以在大学生中广泛使用。因此，课程定位后可以使用基础最完善、最受欢迎的互动教学交流平台。这两种设计模式可供教师参考：第一种，老师们建立了微信群，让师生之间可以交流。课程组主要用于发布课前要求和学习材料、微课堂视频、作业、学生发音纠正、课后学习监控、有用问题和及时解答。第二种，学生将独立添加一个微信公众号学习英语，以满足他们丰富和个性化的学习需求，以允许学习。

4. 应用程序平台

移动应用程序（APP）属于定制学习平台，可以为英语学生提供全面的支持，例如"扇贝"有多个测试书，学生可以设置每天要记忆的单词数，软件会向学生发送新单词，根据记忆曲线，在短期内对学生进行旧单词的复习。它鼓励将记忆转化为长期记忆。

教师也可以根据学校的情况和教育特点，自主创造教育资源，这也是一个非常重要的自我完善过程。因此，教师可以合作开发设计，分享课程内容，并组成团队分享结果。

总之，网络正改变着英语大学教育的生态环境，教师们积极应对，勤于思考，关注英语学习的全过程，在课前、课后分享网络提供的信息分布，探索英语教学的新途径多元混合教育模式。这是必要的。为避免混合教育项目流于形式，教师应利用科学灵活的资源，不断探索优化途径，必须保证使学生获得丰富、快乐的学习体验。

（三）CBI 教学

1. CBI 理论的起源

自 1965 年以来，CBI 就已经被正式提出并开始广泛应用，后来在加拿大蒙特利尔的沉浸式的教学项目中才真正得以开展。作为一种教学模式，CBI 把具体的内容纳入教学法中，还把具体的专业内容与语言教学的目标加以融合。与此同时,还要引导学生学习学科知识和外语技能,使得我们的大学英语教学有了一个全新的视角。

CBI 理论的诞生,彻底打破了"先输入后输出"的传统教学模式,帮助学生在学习知识的过城中,尽可能多地使用目的语来执行与口头活动和书面活动相关的任务,从而搭建出一条从语言输入（input）到吸收（uptake）,再到语言输出（output）的良性循环的线路。CBI 理论中有关教学理念的核心部分在于:教学的框架是由话题内容所构成的,代替了原有的规则和词汇所组成的框架,也就意味着,作为学科或某种主题内容教学应当放在语言教学层面之下,把语言知识与学科知识相结合,不但能使学生的认知能力和学科知识水平得以提高,而且还大大提高其语言能力水平。此教学模式不但能使学生进行语言学习的动力源和认知能力得以提升的基础,而且还会为深入学习提供媒介。作为全新的教学模式,得到了交际功能理论、图式理论、第二语言习得理论,还有认知学习理论和建构主义学习理论的广泛研究。

CBI 理论有着重点突出,因材施教的特点,具体体现在它的教学原则当中。在 CBI 看来,该模式的和理论核心是学科知识,通过使用真实的原材料,来根据目标群体的不同需求来适应。如今,CBI 主要有以下四种模式:第一种是主题模式;第二种是课程模式,第三种是辅助模式,第四种是沉浸式。教师在教学过程中,教师可根据现场的教学环境、教学层次、教学目的和教学对象,更加自主地选择使用或混合使用截然不同的教学模式。

2. CBI 教学观的特征

各类的实践和研究显示,CBI 的教学观往往有着以下几个比较明显的特征。

（1）教学材料的真实性。语言时常是由具体的内容来获取的,而具备真实性和系统性的语言教学材料能为学生创造一个有助于其学习语言的环境,从而使学习更加高效。

（2）语言与内容之间的融合。对于那些所学专业并非英语的大学生,把自己主修要学习的学科作为基础,将会推动语言输入、语言吸收以及语言输出的良性发展。

（3）带动学生积极地通过组建研究型以学习和体验为主要方式的小组

进行学习。CBI 模式是以输出为驱动的,它需要让不同的学生完成同一个目标,强调学生在教学课堂中的主体地位,学生从教师那里获取真实的学习材料,在任务明确的前提下,学生会通过主动参与的方式去找寻全新的材料和信息,然后会在老师的协助之下完成相关的任务,并要对学习成果进行展示。在传统的英语专业课堂教学中,类似这样的研究型的学习体验是无法实现的。

(4) 把内容学习与语言训练及应用,还有思维培养进行全方位的融合,使彼此之间相得益彰。除了要尽力实现语言和内容同步学习的目标,正是透过研究型、体验式的学习,CBI 教学模式会引导学生把所学知识应用到生活中,由此而行,学生的协作意识和批判思维就可以得以培养。

(5) 教师主体身份的淡出与转型。教师不再是单纯的语言训练者或者是占据课堂主导的知识传授者的身份,而应转变为课程活动的协助者与整个课程的设计者。通过 ESP(专门用途英语)进行课程训练的过程中,作为学生的主体性位置得到最大限度的彰显,对于任课的教师来说,他们时常不是所教授学科"内容"方面的专家,在具体学科内容上可能还要请教自己的学生,教师的主要职责是根据课程内容设定教学目标和教学活动,帮助学生更有效地组织与内容相关的语言学习,进而完成学习任务。

二、体验式大学英语教学模式

面对网络信息技术的飞速发展,教育方式发生了重大变化。如何将网络信息技术应用到英语大学的教育活动中,不断丰富教学方法,使教材多样化、多模式、网络化,让学生真正体会到学习的乐趣。实践性学习已成为高校英语教学改革与发展的必然趋势。

(一)互联网大学英语体验式教学模式的内涵

网络大学英语体验教育模式是利用现代科学技术,根据学生的认知特点和规律,通过网络和多媒体,为学生创造实践性或重复性学习体验的情境和机会,提供英语大学的教育内容。它意味着能够形象化、还原和理解、掌握和运用英语的听、说、读、听、说,从而获得知识,创造意义。

苏格拉底、卢梭、夸美纽斯和杜威在古希腊的教育思想是国外经验教学思想的主要来源。然而，国外对实证教学方法的研究却很少。重点讨论体验式学习，尤其是体验式学习模式的研究。我国对实证英语教育的研究很多，但大多集中在实证英语教育的价值、特点和成就上，很少有研究者开始探索以实证的方式建立和拓展英语大学教育。

"网络学院"英语教学实践的目的是提高学生的英语综合水平，尊重和照顾他们的英语学习经验，提高其文化水平，最终目的是拓宽其国际视野。不再关心学生在老师的教育过程中学了多少英语知识，学了多少英语单词，不在乎学生们学了多少英语知识，在网络经验的基础上重构英语教学法的价值，有助于进一步创新大学英语教学方法，提高学生自主学习和交流的能力。

（二）互联网体验式大学英语教学模式

1. "互联网"大学英语感官式体验教学模式

大学英语"网络"感官体验的方式，是指利用学生的听觉、视觉和触觉，为英语感官体验建立一种新的学习方式，感官体验能在一定程度上刺激学生的视觉和听觉，激发学生学习英语的强烈动机，提高英语的附加值，从而使英语网络信息在教学过程中呈现出的多模态、非线性和交互性的强大效益最大化的，从片面的知识教育转变为多模式的感官体验。教师需要在英语课上分配时间和评价学习效果，即给学生足够的时间进行感官体验和英语知识内化的同时，在对视听的理解时，学生也不要忽略了自己对英语知识的理解，通过学习后评价，学生可以了解英语的学习动态，以及在获得英语学习经验后对英语知识的掌握程度，教师需要让学生对英语知识的获得现状进行评价和反思，学生可以与老师和其他学生分享自己的学习经验，观看课程视频，进行练习和课程任务，而不仅仅是与他人讨论问题。

大学的无线教学模式几乎提供所有的无线网络。因此，在课堂上，教师允许学生自带手机、iPad 等设备，让学生体验英语知识的感官刺激；然后将多媒体与计算机设备、虚拟现实技术相结合，充分发挥多媒体与计算机设备的物理交互能力，以及虚拟现实技术与多媒体的多感官、多模态感知能力。它可以整合到网络的高级认知交互功能中。

2. 互联网大学英语情感式体验教学模式

人本主义强调尊重学生的个人情感，提倡认知与情感相结合的教育方式，以网络为载体的英语教学模式，激发了学生学习英语的积极性，激发了许多学生的学习热情学生的内心感受，创造了强烈的情感体验，实现了人性化教育的理念。强烈的好奇心和积极体验的感受，使学生在英语学习过程中感受到各种激情和快乐，形成一种趣味盎然、宁静的知识氛围。为了营造一种寻求这种知识的快乐、宁静的氛围，教师愿意鼓励学生自然地形成这种情感，并将其融入学习英语的情境中。你需要充分理解什么能鼓励你参与英语学习的体验。大学英语情感体验式教学模式的实施，必须充分考虑学生的个性差异、性别差异、个性差异、焦虑差异等非智力因素。不同层次、不同个性的学生在英语中应该有不同的情感体验，比如内向的学生应该接受更多的情感体验活动，帮助他们进行深刻的思考、理论分析、逻辑推理和用笔写作。并且鼓励他们积极参加公开演讲和口头报告情感经历的活动。初试学生有情感体验，如口头报告、在平台上展示教材、戏剧化等，你需要组织起来参加活动。这样，因材施教适应学生心理情绪的变化，有效调动全体学生情感体验的积极性，注重学生英语学习体验，提高学习技能。这不仅促进了学生主动学习，也使他们充分利用情感体验的教育方式，有效解决网络自主学习带来的孤立问题。

互联网大学英语情感体验教育模式还具有热爱英语体验的全部热情，愿意学习体验并鼓励你利用英语情感体验，需要教师的情感投入。因此，教师首先要乐观、阳光、热爱生活，积极培养幽默的人格。其次，教师不断丰富自己的学科知识和教学理论知识，积极探索新的教学方法，在自己的教学过程中不断实践，形成自己的教学理论。知识必须是抽象的。教师要对教学工作中的各种问题和突发事件做出反应和热情的处理。最后，教师利用多媒体和微视频网络，融入抽象概念，创造一个丰富、相对轻松、和谐的英语学习和体验环境，让学生表达英语，但必须留在英语教学的氛围中进行交流和生产意想不到的经历。

3. 互联网大学英语思考式体验教与学模式

无论是培养学生的写作、阅读、翻译、口译技能，教师都会以各种方式激发积极思维，并通过他们的思想和经验，积极地进行思考。学生在课后利用网络资源和微视频对经验进行可视化和导航，指导思考和探索，独立完成体验任务。它可以分为三种模式：第一是，课前老师提出思考问题，学生课外借助网络资源或微视观看浏览体验，进行有针对性的思考和研究，然后独立完成体验任务。第二是在课堂上提问，让学生思考、辩论、体验和回答问题。教师要充分意识到时间的分配，保证提问和回答之间有足够的时间，给学生足够的思考和体验的时间，保证课堂功能正常有序。第三是学生的课外反思，即在课余时间内记住当天的内容和问题，看看自己还有哪些不会的。它进一步整合了通过学生进出教室的思维体验所学到的知识。

因此，在教学过程中，教师要特别注意提出的问题。任何问题都应该能够激发学生的独立体验，引起学生的注意，积极思考并引导学生。

教师还可以尝试头脑风暴法："反思困惑体验解决方案"，营造一种充满活力的课堂氛围，促进学生在课堂上的反思活动。任何问题都既有启发性又有趣味性的，而且是老师经过仔细思考后得出的，这是非常困难的，尤其是在某些经验和讨论中。讨论的主要目的是激发学生的思维和口头表达能力。教师需要及时、准确地评价和总结学生的思想经验。分析必须有针对性，学生的思考热情不应受到攻击。

4. 互联网大学英语行动式体验教学模式

大学英语教学实践模式是以培养学生解决实际问题的能力为目标，以组织和建立具体的英语学习行为为目标，是解决听、说、读等问题的教育方式中的一种行动体验，有针对性的英语写作和翻译教学方法。这种学习模式要求学生积极参与较长时间的英语行为训练和讨论，而实施"体验式和课后活动"的关键是学前和课外活动的整合。教师需要在课前在网络上创建具体的行动任务，然后将班级分成小组，分别体验训练动作，在课堂上用英语说。以行为为基础的学习方法要求学生积极参与经验行动和解决问题。与传统的课堂学习方法相比，这种行动学习方法能显著提高学生的参与幸福感和自我评价体验。动作型教学模式不要求体验课后训练，也不需要学生参与课堂活动中体会成功的喜悦。教师组织的任务，无论是外部培训还是课堂行为体验，都必须满足学生英语学习体验的心理要求。如果训练任务少，学生会因为一无所获而不满意。同时，教师要注意一些自律性和自省性不强的学生，认为这种学习方法学不到知识浪费时间因而会感到沮丧。所以，行为教育应合理组织，注重学生个性的互补和合理的安置。在设计教学任务时，需要特别考虑任务的难度。

例如，一节课的内容分为三个部分：课前教学视频、课中学习活动和课后反思。例如，动作课前视频教学的主要内容分为几个部分。每一个具体动作都要用微视频进行讲解，并结合相应的目标工作经验。教师需要积极参与体验行为，用英语表达自己的观点，并针对每一种体验行为进行一系列深入的体验实践或主题体验行为，以提高学生对英语认知行为的认知能力。通过这种英语学习行为和体验行为的方式，可以进一步细化英语教育的视频知识单元，微视频的具体持续时间取决于微视频所呈现的英语点的教育要求，而且是为学生定制的，以保证语言点的完整解释。它应控制在学生集中时间范围内，以保证学生积极参与行为体验。

学科组根据学生学习英语的行为要求，创建自己的在线学习平台，利用灵活多样的公共平台进行英语学习。英语教学计划可能包括体验活动，如实时英语课程、英语教育的实时模拟和现场演示等。

充分利用网络或学校数据库中的视频或音频资料，创造模拟的交流条件，让学生以多功能、多媒体的方式观看和收听，模拟表演和配音练习。或组织学生在视听资料、英语教室和英语圣歌中进行主题活动，培养学生的口语交际能力。此外，在使用音像资料时，除了加强口头交流，组织学生进行小组讨论和面对面授课培训外，还可以通过多种方式组织引导学生实践媒体。比如组织旅游、调研、走访、走访等调研活动，练习当地的英语口语交流；另一种是服务性活动，比如网上社交活动，为外国朋友提供志愿服务。例如，在校内和校外认识朋友。通过这些活动，学生可以发展自己的英语口语交际能力，通过各种方式录制、复制、观看、收听和获取这些视频材料。

5. 互联网大学英语多模态体验教学模式

大学英语互联网的多模式体验法就是通过输入多模式的信息，为学生提供大量的输入信息，使他们在学习英语的同时学习英语文化和交际习惯。课题组构建了"四大模块"的网络多模式体验教育模式。在教师的指导下，学生可以借助网络，通过动眼、动嘴、动手、动脑，充分发挥主观能动性主动学习。网络"大学英语多模式体验"的教育模式让学生可以直接连接到各种英语学习材料上，进行多模式的英语学习体验：浏览体验、欣赏体验、阅读体验、视觉体验，你可以尽情享受从一个沟通的经验和一个成功的经验。我们将通过多种形式的活动，最大限度地提高学生学习英语的热情和积极性。

（1）多模态模拟交际体验环境构建

由于缺乏英语交流环境，学生可以通过各种方式利用所有与英语学习和交流相关的资源，创造一个温馨和谐的英语学习交流环境。例如，音像资料可以用在学校的数据库和因特网上，为学生练习配音和模仿节目创造一个真实的英语交流环境，也可以组织学生用英语进行讨论，也可以指导和组织参加模拟训练。

（2）多模态探究体验

在文本、图像和视频等多模态资源的辅助下，学生可以激发对先前认知经验和新知识的好奇心。通过多模式的实践学习，如人机交互、师生互动、师生互动等多模式的实践学习、英语再现、英语歌曲的实际配音和模仿，学生可以提供丰富的互动学习体验活动。

（3）多模态反思体验

学生利用自己的知识、经验和感知，反思和探索多媒体实践学习，将英语所学知识内化。

为了将网络与体验式英语教育有机地结合起来，课题组以外语教育理论和心理学理论为基础，结合英语体验式教育的特点和多媒体环境，将多种教学原则有机地结合起来。通过构建网络教育模式和英语学习体验，使学生主动学习知识成为可能。

网络大学英语教学的实证模式为大学英语教学开辟了新天地，创造了开放的教育环境。在"网络英语体验"中，学生获得了学习英语的自主性，体验了学习英语的快乐和成功的喜悦。

三、多模态的大学英语移动学习模式

（一）概述

互联网和智能终端的出现和发展将对我们的环境和生活质量产生重大影响。它也给教育和教育带来了新的思路，也给教育方式的创新和发展带来了新的挑战和机遇。传统的一维文本通信模式逐渐被文本+图像+音频+

视频的多模式语音通信模式所取代。多模式传播模式弥补了传统纸质媒体的单一模式、静态性、时效性和非交互性的不足。通过实时通信和移动互联网媒体的升级，它不仅成为传播活动中信息传播的主要形式，而且在教育中发挥着重要作用。

互联网和智能终端的应用，将多模态理论引入教学过程，使创新教育学科与课程资源、文本、音频、视频、教育平台等语言学习资源有机结合。外语学习空间，创造更多生活和真实的情境，更有效地激发和提高学习自主学习的动机，提高实际应用水平和自学技能。在多模式环境下，外语移动教育是从互联网的角度，积极尝试提高外语教学质量，提高外语综合应用水平。

（二）多模态移动学习模式

1. 多模态话语理论概述

人类只能通过耳朵、鼻子、舌头、眼睛和身体五种感官来接收外界的信息。因此，根据五官的类型，人类的感觉可分为视觉模式、嗅觉模式、触觉模式、听觉模式和味觉模式。模式是人类对外界事物的认识过程，是通过视觉、听觉等感觉与外界环境形成良好互动的过程。多模态是指通过至少两种感官模式与外界媒介进行交流。多模态语音分析理论直到1990年才开始。在频道和媒体中，包括语言、技术、图像、色彩、音乐等符号系统。在互动过程中，语言、形象、声音、动作等多种手段和语言符号的运用，使多模态过程分析的出现。多模态话语分析，该理论是20世纪在西方国家中逐渐兴起的，是OToole（1994），Kress 和 van Leeuwen（1996，2001）提出的一种新语篇分析方式。本文将社会象征与系统功能语法等理论知识相结合，使语言成为一种社会符号，而非语言符号，如照片、音乐、肢体动作等大部分都与生活息息相关。还有其他的社会表达系统与语言一起感知社会意义，如绘画、雕塑、音乐和舞蹈。

多模态语音的重要性在于，使人们更清楚地认识到语言和其他相关语义资源的结合，语言系统在意义交换过程中的作用以及其他符号系统，色彩和动作贯穿整个交际过程，达到更有效的交际目的，使人们能够准确地理解一个更具包容性和全面性的话语。

2. 移动学习

移动学习是使用移动无线设备和互联网技术在任何时间、地点学习。根据国外研究者的定义，移动学习是指学生通过无线移动网络技术获得无线移动通信设备所需的全部信息、资源和教育服务，实现教与学的有效互动。它是指一种能够理解并满足时间和地点需求的数字化学习模式。

移动学习具有个性化、便利性、交互性和速度等独特优势。可以创造一个数字化的学习环境，以满足学生的个性化学习需求，任何时间、地点，取决于学生的年龄。移动学习是 21 世纪按照大众的需求新出的一种新的学习模式，顺应了时代发展的潮流，有传统教学方式没法超越的天然优势。

3. 多模态移动学习模式的趋势

根据第 40 次《中国互联网络发展状况统计报告》，截至 2017 年 6 月，中国网民规模达到 7.51 亿人，占全球网民总数的五分之一；互联网普及率达到 54.3%，超过全球平均水平 4.6%；移动网络用户数为 96.3%，网络教育用户数达到 1.44 亿。

随着智能手机、平板电脑、笔记本电脑等移动设备的普及，现代大学生已经成为科技进步的主要受益者，在巨大资源的使用和体验上，智能移动设备是研究和生活必不可少的合伙人和工具。这使得多模式移动学习在硬件方面成为可能。

目前有很多英语平台支持多模式英语的移动学习，如超星平台、批改网、Ted 等。这些平台不仅弥补了传统印刷书籍静态、独特的文本缺陷，而且创造了由图像、音频和视频组成的充满活力的情境，激发学生的学习动机。学生还可以通过 QQ、微信、搞笑配音、单词等移动应用下载和分享词汇、听力、阅读、写作、翻译和英语口语。有利于学生充分利用课余时间，根据自己的学习要求提高学习水平，而不是只关注学习的环境和地点。课堂学习和教师教学不再是学生获得知识的唯一途径。借助互联网上的多种学习资源，学生也可以实现自主学习，更加自主地选择学习环境、学习工具和学习策略。

在网络环境下，多模式英语的移动学习也有助于提高学生的自尊。在教学过程中，教师作为引导者，大多数情况下，学生习惯于"补"学，思维受阻，不善于积极思考，以致于推理能力无法提高，对问题的理解能力较为简单，没有创新意识和能力。在多模式学习环境中学习是双向的，学生需要更积极地参与互动学习，追求自己的学习目标和方向，在学习过程中参与自我评价和其他评价，也能反映自我效能感的强弱。

从网络的角度来看的话，多语种学习模式对激发学生的英语学习兴趣，提高学生自主学习能力具有积极作用。因此，移动英语学习方法在各模块的学习中的引入和改进，已成为现代大学英语教学的重点发展方向。

（三）多模态环境下大学英语移动学习模式的构建和实施

1. 构建原则

多模式英语移动学习模式的构建主要是在网络环境下，结合现代语言教学技术，在课堂上提供一种个性化的学习方式，提高学习效率和学习效益，使教师和学生不在教室外交流和分享。因此，有学者认为可以按照以下原则进行建设。

（1）模态最优选择原则

在学习英语的过程中，为了更好地激发学生学习英语的兴趣，首先，最好的沟通方式是应用模式，充分发挥学生的主观能动性。我们需要鼓励学生积极参与学习活动。例如，在学习一个单词的过程中，如果只是一味地死记硬背，可能仅仅通过理解词汇就无法直观地理解它，可能无法获得理想的记忆效果。以视频、照片或其他多模式形式呈现时。照片和视频创造视觉刺激，帮助学生理解和掌握学习内容。文本、图像、音频和视频可以满足不同学生的学习需求，以多种学习方式激发学生的学习兴趣和学习兴趣，以激发学生的学习兴趣。

（2）灵活应用及时更新原则

第一次实践性考试是为了避免在学生兴趣和长远考虑的情况下使用。持续使用也会导致学生失去学习英语的兴趣，影响了学习的质量和效果。例如，英语课程是传统的听声材料、练习、确认反应的方式，在这种方式中，教学和与英语的对话是重复的，这种学习模式单调，使学生对英语学习不感兴趣，也会让学生对会话交际技能的发展产生一定的影响。因此，需要调整学习方法，考虑实际的学习条件，比如情绪的变化。学生对学习软件、照片、视频等的兴趣可以保持，提高听力水平，学生可以选择适合自己的学习环境。学习语言、图像和行为也是移动学习的良好形式，它可以灵活合理地混合不同的模式，并在不同的学习模式中互补。这样不仅丰富了学习内容，也丰富了学习过程，提高了学习的质量和效率。

科学技术的快速发展进步也带动了互联网技术的快速发展，学习资源和学习平台技术的升级也在日新月异。移动学习模式的构建应始终考虑及时维护和更新问题，使学生能够及时获得最新的内容和学习方法。

2. 多模态移动学习模式的构建

有学者认为，当今大学英语的移动学习主要由课堂学习和课后任务两部分组成，这两种学习方式相辅相成。

一方面，为了满足现代学生"信息多样、图像交流、注意力短"的学习特点，当今课堂的学习是在"纸质教材与新型数字教材"相结合的实时三维教材中进行的。在课堂上，高模态密度与文本、图像、音频、视频等相结合，多模态结构的使用激发了学生在互动交流中的注意力，激发了学习兴趣和。

另一方面，课外活动必须以网络为基础，以课堂教学与多模式整合设计为前提。从互联网角度来看，学校后的多模式挑战主要是通过各种移动学习平台来实现的。它分为四个部分：共享学习资源、在线测试、在线互动共享和完成技术任务。

目前，互联网上可以应用和共享的学习资源特别丰富，包括相关词汇、口语、听、译、写等，如巨星平台、改网、Ted 等，可以作为移动学习平台的资源使用。在这样的学习平台上，可以分享现有的应用，学习资源链接等形式，移动学习平台的在线测试和评估部分是一个开放测试的学习平台，可以输入数字选择、测试、阅读、听觉、书面理解、翻译到移动学习平台，并通知学生响应。因此，在线自评、手工评教或学生互评可以帮助学生及时得到反馈，修改知识点，及时记忆，学习英语，提高学习的兴趣和效果，通过 QQ、微信、论坛、微博等媒体交流学习问题和成果，及时沟通、动态反馈，提升移动学习的可行性和可用性。

Power Point 要求学生完成任务，例如使用现代技术监视器和传统的选择题，如词汇、英语口语和听力理解。可以在完成作业的整个过程中应用多模式沟通表格。此外，学习效果的形式是可见的，增加了学生的兴趣和成就感。按照这个思路搭建移动学习平台，采用新形式的立体教材。未来大学英语教学应成为图 3-1-1 所示的模式。

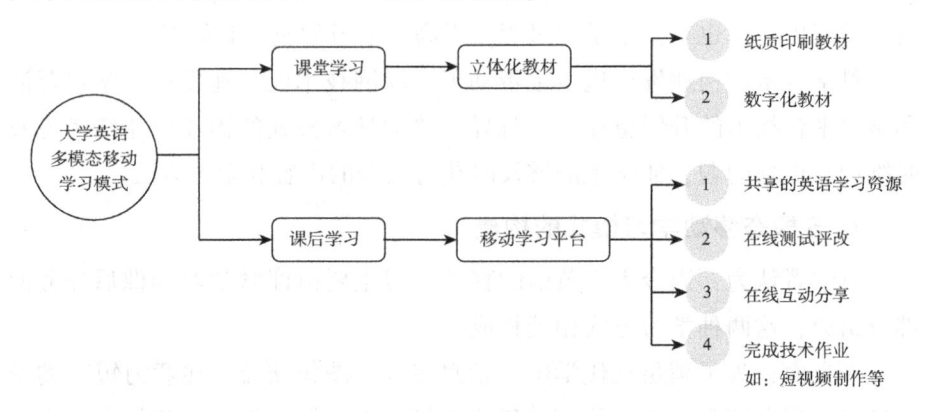

图 3-1-1　大学英语教学模式

3. 实施措施

教师需要在大学英语课堂上使用不同的教学模式。教育可以将教师、学生、教育设备和教育环境结合起来，为师生之间的交流和有效互动创造一个多模式的教育环境。教师通过语言、声音、行为、动画的运用，激发学生的心意，感知听觉与学生视觉的交集，使学生提高认知水平。老师还可以训练学生在课后学习阶段适应自主移动学习的条件，帮助他们适应口译。充分利用学院英语学习教室的资源和效益，充分利用多模式大学英语学习方式的流动性，教师积累教学经验，合理设计多模式大学英语教学内容。要想在最佳教学形式中唤起学生的兴趣，唤醒学生对多模态的兴趣，就必须根据实际情况选择合适的形式。培养学生的多模式阅读技能，鼓励学生探索多种意义资源表达方式，通过网络平台与师生互动，提高学习英语的能力。

在英语大学教育中，运用多模式语篇理论和移动学习理论，在多模式环境下构建和有效实施移动学习模式，是对传统英语学习方式不足的有益补充，师生之间存在着积极的互动，学生对自己的学习感兴趣，他们积极思考问题引导、合作、分享学习。它可以做得更好，大大提高了学习的效率和效果。英语大学教师要与时俱进，及时改变教师的教学理念和传统的师生角色，最大限度地利用网络的便利性和学生的自主性。需要进行多渠道和多媒体学习活动来提高学习能力。同时，学生也会积极接触网络，激发积极的学习动机，最终达到引导学生在网络环境中获得大学英语知识和技能的目的。

第二节 混合式教学研究现状及内涵特征

一、混合式教学研究现状

2003年，祝智庭教授的论文《远程教育中的混合式学习》系统首次发布。利用中国国家信息基础设施（CNKI）专业等数据库，关键词是"混合式学习"或"组合学习"。内容分析包括混合式学习的基础研究、混合式学习资源的生成、混合式学习相关系统的设计与开发、混合式学习等问题。作为国家研究的一部分，它来自于关于混合式学习的学术新闻、应用研究、混合式学习成果等。将国内研究分为四个阶段。

（一）低谷阶段（2003年-2006年）

这一阶段主要讨论和解释主要的理论和概念。混合式学习的概念是2003年在中国首次提出的。此后，整合学习一直处于理论研究阶段，一直致力于对基础理论和概念的研究和解释，对实际应用的研究较少。田世生、李克松和他们的团队研究了混合式学习的基本概念、原理和应用模式。

（二）高潮阶段（2007年-2010年）

本阶段主要研究移动学习、分布式学习探索、混合式学习模式等集成学习技术，构建学习资源环境，支持混合式学习的服务研究和基于Moodle平台的混合式学习研究。

对英语综合学习的研究主要有如下几方面。

尹玲（2008）通过实证研究挖掘组合学习理论在大学英语教育中的有效性，但具体研究在大学英语综合学习中还没有提供一个模式。

凌茜和马武林（2009）从理论上论证了基于2.0网络平台的大学英语

混合式学习模式。

侯建军（2010）在宁夏大学介绍了大学英语教学方法和以学为主的教学过程。

张蕴（2010）通过对教育部"计算机与课堂英语模式"的统筹，提出了一种混合式学习的互动模式和混合式学习支持系统模式，即通过多重互动进行在线学习，基于网络提高学生成绩，促进个人发展。它解释了如何将学生的学习活动与课堂英语教学相结合。

（三）缓和阶段（2011年—2012年）

这一阶段的重点是研究理性反思和组合学习的有效性，包括对学生满意度和影响因素的研究。学习满意度影响因素的模型研究。实证研究了网上学生讨论的有效性，分析了影响教育质量的相关因素，分析了影响组合学习的主要因素。在此期间，混合式学习发表文章的增长率有所下降，但关于混合式学习的反思性研究逐渐受到关注，例如，研究人员认为组合学习在学科和其他学科中的应用需要扩大。现阶段，大学英语综合学习的研究主要集中在实证研究、教育模式与实践以及特殊学习学科的应用实例等方面。

马武林和张晓鹏（2011）通过实证研究，探讨了大学英语学习的整合途径，并将课堂分为三个阶段：第一阶段网络化阶段和学生自主学习阶段。第二阶段，基于学生网络的协作学习，第三阶段教师通过面对面教学与教师互动。结果表明，有限课堂教学能力与个性化学习需求之间的矛盾是可以解决的。

张洁的博士论文（2011）通过构建基于移动技术的现代教育技术的混合教育模式，为大学生英语听力和说话人的培养创造良好的环境。

王懿（2011）从组合学习的实际效果出发，阐述了组合学习在大学英语作文中的作用。

Jia 等（2012）以中国某校 96 名英语专业学生为研究对象，在 Moodle 平台上进行了组合学习的实证研究。通过比较实验组和对照组在本学期六个不同测试中的结果，研究人员发现基于词汇分类系统的组合学习有助于学生词汇的习得和测试成绩的提高。然而，只有 30% 的学生选择了继续使用混合式课外学习系统，预测这可能与学习负荷过大有关。

（四）完善阶段（2013 年至今）

这一时期的研究逐渐成熟，如从多角度探索组合学习的模式，依赖于它的网络平台也多样化，混合式学习研究的有效性也在不断提高。值得注意的是，现阶段对混合教学模式的研究有所增加。

苏小红等（2015）以哈尔滨工业大学的"C 语言程序"课程为例，展示如何将 MOOC 与传统课堂教育相结合，实施线上线下相结合的混合教学模式，以配合课外课堂和活动。

王妍莉等（2015）以 Backoard 为教学平台，以高校"多媒体课件设计与制作"课程为教学案例，针对西部民族高校和混合教育过程，对混合教育进行实证研究。总结了其主要特点。

在这期间，几乎没有关于外语综合学习的研究。章艳乐（2013）基于混合式学习和协作学习的理论，试图构建一种以互联网、自主学习平台和 QQ 交流软件为支撑的"大学英语课堂内外一体化学习模式"。实验表明，该模式不仅有助于提高学生的自主学习水平，还提高了学生的听说能力。综上所述，我国整合学习的基础理论研究、研究视野、支持学习的系统构建和应用模式构建的实证研究都有待完善，而从教师的角度来研究融合的文章也越来越多。

二、混合式教学的内涵与特征

（一）混合式教学的主要内涵

混合式教学的本质或核心可理解如下。

首先，它是通过以技术、信息和知识为基础的"学习"和"学习"过程来传递的。然而，在学习过程中选择合适的技能和培训时间对决定培训的质量和有效性很重要。

其次，混合式教育不仅是在线学习与面对面课堂学习的结合，更是多维度"教与学"的结合或融合。这些包括教育理论、教育模式、教育活动、学习设施、课堂学习环境、在线学习环境、教科书、学生服务等等。

再次，混合教育的关键是选择和优化"教与学"的所有要素，以实现"教"与"学"的目标，混合教育包括优化"教"与"学"的要素组合，以达到更好的效果。

最后，混合教育本身就是一种教育理念和策略，应该放在信息化、网络化的教育环境中。它包括不同的教学理论、不同的教学方法、不同的学习目标和学习环境，将不同的教育资源整合为一个整体，在教师与学生、学生与人与计算机之间是有效的，可以实现互动。

总之，混合教育的核心内容必须是不同的教学方法、教育资源、教育模式、教育媒体和学习环境的整合。在各种教育理论的指导下，课堂教育与网络学习环境有机地结合起来，具有主要的双重功能（学生为主体，教师为主导）和辅助功能（教育管理者）。在自主学习、自主学习、客户服务等方面应给予学生最大限度的个性化学习环境，以学生为中心的特点与传统教育的互动效益。

（二）混合式教学的基本特征

1. 时代性

综合教育是教育国际化、信息化的必然产物，受到教育界的高度重视，随着科学技术的发展和教育技术的不断更新，综合教育将有新的科学技术观。

2. 实用性

混合教育来自商业培训。后来，许多国家在中小学、高等教育、教师培训等教育领域都采用了这一方法。在这方面的探索和实践研究表明，混合教育已被证明是一种非常有效的教学方法。可以说，它的应用和研究领域非常广泛。

3. 多元性

这一结论可以通过对混合教育的定义得出。"多元"的特征，"教与学"多和要素合，以及各个教学难度的有机结合。同时，这包括各种理论基础，包括认知、行为、结构、社会和文化特征。通过对混合教育的定义，可以将其理解为"多学科"，整合不同的学习要素，整合不同领域的机构和学习。

4. 动态性

从混合教育的初期到后期，混合教育都是随着时代和环境的变化而得到明显的改善和发展，教学模式、教学方法、教学内容等日趋多样化。

第三节　互联网视角下大学英语混合式教学的问题和原因分析

一、基于互联网大学英语混合式教学现存的主要问题

总体而言，大学英语混合式教学存在一些问题。例如，老师和学生之间的沟通不足，学生对社会生活的参与没有达到预期，教师的教学方法不顺畅，教师的能力不足，导致教学效果不佳等。

（一）师生互动不够

在大学英语混合式教学过程中，教学效果与师生的参与度的高低息息相关，所以不管是老师还是学生，任一方参与度低，或互动不足，都会让教学效果大打折扣。然而实际的调查数据显示，有71.4%的教师对怎么加强与学生的互动感到为难。在关于学生对大学英语在线教学参与意愿调查中，46.5%的学生对参与在线教学环节缺乏积极性，还有12.5%的学生参与在线教学的次数屈指可数，更可惜的是还有3.5%的学生从不参与大学英语在线教学，由此可见，对于参与基于"互联网"的大学英语混合式教学，学生的积极性普遍不高，甚至偏低。在调查师生和生生互动性情况时，发现经常积极互动的学生只有27%，偶尔互动的学生有31%，剩下42%的学生基本不参加互动，或是偶尔参与互动。除此之外，在对大学英语混合式教学难点调查中，71%以上的学生认为很难适应课堂教学互动方式。

从以上几项调查结果，我们不难得出结论，那就是当下在基于"互联

网"的大学英语混合式教学中，并没有达到预期的师生和生生之间的互动效果。很多人都认为混合式教学的核心思想其实是改变传统的以老师教学为主，学生被动接受的教学方式逐渐转变为"以学生为中心，教师为引导主体"。但是想要完成"学生为中心"这个转变，加强线上线下的教学中师生和生生之间的互动交流就是势在必行的了。

（二）教学方法和手段不够灵活

近年来，随着教育信息技术的发展，英语教学的方法不断得到改进，但受制于学校网络硬件建设维护及教师自身素质等因素的影响，这些资源和教学手段在英语课堂上没有得到灵活性运用。除了英语教材外，大学通常还包括网盘、PPT课程、网络课程、互动测试等。然而，大多数英语教师都是将教学内容制作成ppt作为唯一的信息化教学方法，而不是将微型课程结合起来。通过网络课程等信息化教学方法形成了丰富有趣的英语课堂氛围，但部分英语教师形成对PPT课件的简单依赖。所谓的多媒体教学方式只是用电脑取代黑板，教材的内容都是通过PPT来呈现的，学生的关注点只是交换屏幕。在课堂学习过程中，这些大都是图像和音效的替换。教师没有提高学生的积极性和创造性。

此外，在问到学生在课堂教学阶段中教师针对性教学开展的效果怎么样，和预期的是否有差距，36.5%的受访者认为教师的教学指导是系统性的，仍然没有摆脱照本宣科。

在"互联网"的背景下，互联网工具和互联网教学资源开始走进学校课堂，大学英语教师在进行"线上"与"线下"相结合的混合式教学是也会利用这些资源，但效果好像并不如意。在对当前大学英语混合式教学效果的调查中，有46.4%的教师认可大学英语混合式教学的效果，但是对教学效果的发挥却没有很大的信心，并且有14.3%的教师认为当前大学英语混合式教学效果并不明显。在问及学生"您认为当前您所在班级的大学英语混合式教学方法是否与您想象中的混合式教学方式相一致？"时，有43.2%的学生认为当前混合式教学方法实施没有达到想象中的效果，还有9.4%的学生认为和想象中的混合式教学完全不是一个感觉。从以上调查结果可见，在普遍都认可大学英语混合式教学理念的情况下，大学英语混合式教学"线上+线下"结合还是存在明显的缺陷。

（三）教学配套设施有待完善

混合式教学依靠硬件资源和软件资源的支持。它们是混合教育模式取得更好教学效果的保证，因此学校需要确保提供这些设施。但目前大多数高校的配套设施并不完善：一方面，现有学校硬件配套资源不足。学校没有足够的网络教室和微实验室来拍摄微课堂，而且他们大多是在课堂上拍摄，但专业水平低，拍出来的效果不如预期。课程设计不好，课堂特色也也就凸显不出来。另一方面，在云端对主机和邮件的使用方面的能力是有限的。另一方面，教师没有足够的专业技能和非正规教育。许多老师都知道混合教育的模式，他们在应用中面临许多挑战。有些人习惯于传统的学习模式很难运用好的学习方法，很难接受新思想。因此，教育设施的缺乏是大学英语混合教育发展的一大障碍。

（四）教学效果评估难度大

传统的教育评价方法相对简单，主要依据期末考试的成绩来评价学生的正常表现和课堂学习的有效性。在结合大学英语教学时，由于要综合考虑学生在网上和线下的学习和反馈，很难对教育效果进行综合评价。在一项基于互联网的"大学英语混合教育"难度研究中，82.1%的教师认为这会增加教师教育效果评估的难度，一些教师认为，由于缺乏对学生课外活动的有效监督，许多学生无法如期完成学习任务。大约一半的学生认为大学英语混合教学很难自我评价，因此他们不知道学习效果。

在当今的大学英语混合教学中，许多教师都在尝试各种各样的教学效果评估方法，其中大部分是基于内部测试和评估的，有些是基于在线测试和评估。然而，目前还没有统一的评价体系和标准化的能力，虽然评价方法很多，但对提高教育效果几乎没有效果。

二、基于互联网大学英语混合式教学问题的原因分析

（一）高校对大学英语混合式教学缺乏重视

线上与线下相结合是大学英语教学的优势。一些高校教师关于混乱式教学，认为要为师生提供多媒体教室和更多的网络资源。但目前还没有具体落实软硬件资源并合理管理。在网络时代的背景下，通过信息技术的更新和应用，形成了多种混合英语教育模式，但思想观念的更新并没有跟上信息时代，改革创新教育模式需要一系列前沿变革，从领导层到教育一线，面临诸多挑战和困难。

（1）在人力资源方面，需要招聘或建立一支具有专业技能和信息素质的教师队伍。

（2）在备课方面，需要购置网络设备，建立移动学习平台。

（3）在经济基础设施方面，需要投入大量资金建设各种网络资源和环境。

（二）大学英语混合式教学中师生素质参差不齐

在大学英语的组合中，教师的主角与学生的主体地位相结合。此外，通过对英语教育现状的调查发现，综合性的教学方法和手段运用不够灵活，教育效果难以评估。究其原因，主要是大学英语综合教育中师生素质的不平衡，主要表现为教师教与学信息能力不强。

1. 教师的信息化教研能力较低

在互联网的背后，教师不再是学生信息和知识的主要来源，教师不再是学生获得信息和知识的主要来源。这对教师的计算机教学和科研水平和技能提出了很高的要求。然而，现今大多数英语大学教师缺乏危机感，在工作中表现出不积极。目前存在的问题有：学科知识有限、信息知识匮乏、缺乏开发和整合教育资源的能力。其主要表现在以下两点。

（1）大多数教师在传统教育的基础上提供教育资源，使用简单的信息工具。

(2) 教师的信息教育研究无论在理论上还是形式上大多没有应用到实际的教育中，科学研究也没有与教育联系起来。

2. 师生信息技术操作不熟练

许多现有的教师已经教了 10 到 40 年。这些教师有着丰富的教学经验，他们的教学效果大家都很清楚。但是随着互联网的迅速发展，许多教师在使用网络工具时遇到了困难。当被问及教师与教师的研究中面临的主要困难时，35.7%的教师对混合材料的设计和制作感到尴尬。17.9%的教师认为使用网络工具是一个问题。在大学英语混合教育中，我们发现教师的信息技能是不一致的。

今天的大学生从小就频繁地、长期地接触互联网。因此，网络是大学生获取和交流信息的渠道。然而，大多数学生不知道"电脑化"这个词。他们不考虑浏览新闻，有时会迷失在网络中。主要表现在以下几个方面：第一方面，信息感知能力差。第二方面，有些学生缺乏获取信息的能力，不了解从电子数据库和图书馆中检索信息的功能。第三方面，由于缺乏信息知识，一些学生不了解计算机网络技术和一些软件的使用。有些学生对英语网站和相关网络资源知之甚少。大学生对信息不敏感，不能准确掌握必要的知识，因此有必要提高对信息的敏感性。

3. 学生自主学习能力较弱

随着网络技术的传播和发展，课堂学习与网络学习的结合为学生的课堂拓展和自主学习创造了条件。然而，在传统的课堂上，学生往往都是听老师传授知识。许多学生对组合教育的认识比较浅显对组合教育的认识。他们更被动地接受和参与教育。他们理解力和参与意愿很弱，主观能动性的关注较少。对大学生来说，最大限度地利用这些信息教育资源可以显著提高英语学习的效率和质量，但在英语学习过程中，他们会接触到这些信息教育资源，经常会遇到临时性的考试，没有长远的学习计划或明确的目标，没有按照老师的要求实现课后的自主学习。

第四节　互联网视角下大学英语混合式教学的优化

目前的研究表明，基于网络的英语大学教育仍然存在教师教学方法不完善、学校设施不足、教育效果评估困难等问题。究其原因，主要是混合型大学英语教学的参与者没有很好地理解，师生素质参差不齐。针对这些问题，结合动机分析，提出一些改进的方法。

一、转变教学理念、构建大学英语混合式教学共同体

在网络环境下，为了提高大学英语混合教学的效果，一方面，要做到所有的参与者都认识到大学英语混合教学的重要性。随着时间的推移，教师必须转变职能，提高自身素质。学生改变思维，提高学习热情。学校重视混合教育，完善教学设施。另一方面，要做到所有参与者，包括学校、教师和学生，都建立一个大学英语教学的混合社区，并能够互动、合作和自主研究，从而成为混合教育社区的核心要素。实现三者之间的有效沟通、反馈和持续改进，是构建混合教育共同体的关键。

（一）教师转变教学理念，提升自身专业素质

在学校的英语合作教育中，教师是传授者。因此，教育的各个环节都必须围绕学生的学习需求和教育目标来实现。上课前，教师必须为学生提供丰富多彩的教学方法。在课堂上，教师应科学设计教学的目标，组织学生小组讨论，帮助他们学习和理解英语。教师应表现出灵活性和变化，采用混合教育模式。所以，在实际的英语教学中，教师需要根据不同的教学职业灵活地选择多种教学方法，以达到最佳的教学效果。

随着信息技术的发展，在"互联网"的大背景下，教师的角色也随着信息技术的发展而变得更加多元化。教师既是非正式教育的组织者，又是非正式学习的引导者、信息资源的开发者和使用者，既是信息教育的设计

者，又是学习评价者。教师要适应时代的发展，提高教育的实效性，除了解感外，还要尽快转变观念，加强学习，提高专业技能。

（二）提高学生的主动性、激发其学习兴趣

在对影响大学英语整合教育的因素进行的研究中，有78.6%的教师认为学生的兴趣和主动性是主要因素，而71.5%的学生则认为自我控制是主要因素。因此，学生的主动性和兴趣在联合英语教学中非常重要。很多大学生英语基础薄弱，缺乏自主学习能力。还一些学生认为学习英语毫无用处。我们想要改变"无用英语"的概念，要创建适当的学习障碍。分析英语市场的需求以及英语对于与他们一起工作和生活的学生的重要性。其次，它激发了学生的学习兴趣。最后，教师需要将课堂内容与网络资源结合起来，以根据其"以学生为中心"的目标和能力真正地教给学生。具体可从这三个方面去做。

（1）增加学习自由时间和内容的百分比，并实施管理计划和任务评估。在教育之初，我们可以通过有针对性的方法和系统的教育计划，对学生的技能和需求进行调查和分析。

（2）在制订教育计划时，必须牢记"以学生为中心"的原则。

（3）培养学生的自主学习的能力。传授教育网络部分具有时空的灵活性和整合性，对学生的自我意识要求很高，对学生的自我控制和自我管理是一个巨大的挑战，尤其是面对枯燥的知识和未经训练的环境。学生很难在其他外在事物的诱惑下专心学习。学习效率低。与传统的教学方法相比，网络教育对学生提出了更高的要求。除了合理规划自己的时间外，还要根据学生的任务安排和，制订科学的学习计划，确保充分管理学习时间，顺利完成学业。

二、完善大学英语混合式教学设施和教学资源库

专业功能信息技术和创新技能已经成为大学生的三大目标。在这个数据丰富的时代，提高教师的信息化水平。实现高层次人力资源开发目标的关键是人的发展。

（一）创造数字化教学环境，完善大学英语混合式教学平台

在互联网环境下，教师需要一个开放、可靠、知识丰富的信息平台，这样教师与学生才能一起在大学里学习英语。所以教师需要修一门新的智能课。它是一种集多媒体教室、计算机教室、微型教室、电视台于一体的新型教育环境下的技能。校园、录音和广播，主要是可播放的一体机（或电子版）、无线网络、虚拟抠像技术、平板电脑、桌面云、学习聊天代码、数码相机、学校教育平台，包括铃声、教学资源库，依托虚拟在线和外部仿真系统。电子端口板、传输系统等设备和技术服务系统为师生解决教学难题，推进学校教育改革和创新，实现教育、学习、考试、实践、评估的智能融合。

（二）促进资源共享，丰富大学英语混合式教学资源

优秀的教育资源也是 BEM 教育的基础。成功的 BEM 学校必须投入更多的教育资源和丰富他们的教育内容。在我国大学的混合教育，信息教育资源相对丰富和灵活，资源共享更方便。学校必须提供更多的资源和教学方法。

混合英语教学是在线和离线教学的结合，教学方法和资源的更新较快，在这方面，大学之间教育资源的互动和交流尤为重要。（1）建立专门知识的数据库；（2）为交流教育和科研资源创造平台；（3）英语学校可以组织各种讲座，主题讨论和其他选修活动，以低成本促进大学英语学习。

三、优化大学英语混合式教学的管理制度

（一）建立大学英语混合式教学的教师队伍培训制度

混合英语教学法已被全国乃至全世界的许多教师所认可，但是，有些教师不熟练使用混合教学法，因此，校内外定期培训可以使教师更有效、更方便地获取新信息，更好地理解新方法。进一步扩大教师的成长空间。在学校，组织一些新教师来观察示范教学课程，培养一部分混合教学教师。通过这些老师的推动进一步扩大培训范围。

第三章　互联网视角下大学英语混合式教学模式研究

观察和示范课程有助于教师更好地了解教学经验，并提高教育管理水平，虽然通过科学和相关的研讨会，教师可以充分参与课外活动。教师可以通过参加其他学校教学活动和与其他教师交流，更好地了解外部环境。在建立这种培训机制时，必须考虑到以下方面：第一方面，培训机制必须系统。第二方面，培训要以一个有计划的和目标明确的方式进行。

（二）建立合理的大学英语混合式教学的规章制度

一方面，有必要澄清大学英语教育混合管理的共同目标和任务，以建立一个自上而下的教育管理系统，确保此类教育的有序运作。在确定单一目标时，应注意以下方面：第一方面，合并大学英语混合课程。第二方面，在英语混合教育中，对在线和离线教育联系的组织和管理。第三方面，组织和统一管理大学教育的各个环节。第四方面，大学混合教育的日常管理合并。

另一方面，建立统一的大学英语混合教育管理规章制度。大学英语联合教学虽然在教学实施上更自由一些，但"自由"并不是说无视规章制度。相反，大学英语混合教学作为一门语言教学学科，其实现教学目标的途径和手段较多，因此，建立规范的大学英语混合教学管理制度显得尤为迫切。在制定规则时应注意以下方面：第一方面，我国大学混合教育的规则和条例的设计应适应当地的条件。第二方面，为高校建立合理的网上学习管理系统；第三方面，通过建立规章制度，实现任务和制度的单元化，有效地将大学英语混合教学中的线下教学与在线教学相结合。

（三）建立统一的大学英语混合式教学多元化评价体系

教育评估制度不仅包括学生的评估，还包括对整个教育系统的评估，如目标、任务、规章制度、教育实施、教学效果等诸多方面。大学英语混合教育不仅涵盖传统教育评估的所有方面，还提出了评估实施程度的要求，如通信和组织。由于学习模式是在线和离线的组合，其有很高的教学效果评价要求。培训系统和实施过程更复杂和更灵活。由于评价的复杂性和多样性，大学英语混合教育评价制度的特点如下：多样性；需要评估；评价内容的多样性；评价工具和方法的多样性；评价标准的多样性。

多层次评价体系是形成英语混合大学教育共同体的重要组成部分。它不仅是评价培训效果的手段，也是提高培训质量的重要数据来源。构建多边评估体系应特别注意以下四个方面：第一方面，评估体系应包括会前预习、课堂评估和会后复习三个阶段。第二方面，评价体系需要一个动态的反馈机制。第三方面，评价体系不仅需要考查成绩，更需要考查对学习的兴趣。第四方面，必须建立一个评估系统，以适当调整的课程设置。

第四章　大学英语混合式教学中的课程思政

课程思政是大学思政教育工作中重要的一个组成部分。本章将基于前面章节对大学英语混合式教学的研究，结合课程思政的概念、价值等内容，对在大学英语课程实践中与课程思政的结合、课程思政教育的实践路径和在"课程思政"基础上大学英语的改革进行了积极的探索。

第一节　课程思政的概念和价值

一、课程思政背景简析

2016年12月，习近平总书记在全国关于大学思政活动的会议上指出，应以道德教育为中心把教育教学的全部过程联系起来，实现全面教育和全方位育人。要有效利用课堂教学的主要渠道，使各种课程、思政理论课程相互对齐，形成协同效应。2017年，中共中央和国务院《关于加强和改进新形势下大学思政工作的意见》里面明确说明：坚持全过程、全方位的教育，把思想价值观贯穿于教育和教育的全过程、全环节。为自觉贯彻落实有关文件精神，教育部于2017年12月制定了《高校思政工作质量提升工程实施纲要》，强调要以"思政课程培养"为目标，大力推进课堂教学改革，为了达到目的，把各类职业课程所包含的教育要素和思政功能结合起来，融入面授教学的各个环节，有机结合思政教育与知识体系教育。因此，课程思政教育完全体现了"各类课程同向同行"的固有条件和"三全育人体系"构建的要求。这也表明大学思政教育不能只看齐传统的思政教育的教学目标，还要在"大思政"等理念的基础上，把各类课程统筹起来，在实现各种知识系统教育和"三观"教育的双重目标的角度和渠道上都有必要突破。

二、大学"课程思政"的基本内涵

"其他各门课都要守好一段渠、种好责任田，使各类课程与思政理论课同向同行，形成协同效应"这句话来自于习近平总书记在全国高校思政工作会议上对"课程思政"理念的表述。"课程思政"的概念也在这次会议后在全国得到重视和促进。会议结束后，以响应中央政府精神为前提，高校的学者们对课程思政进行了系统的研究，包括探索和界定"课程思政"的概念。这里摘录了一些具有代表性的对"课程思政"内涵解释。

高德毅（2017）认为，"课程思政"的本质是将大学的思政教育整合到教学计划的各个方面。"课程思政"不是单纯追加课程，也不是单指相关活动。高德毅认为，在大学中构筑"课程思政"，需要在各种课程中探索思政要素，将思政要素整合到各种课程的教育过程中，实现知识和价值的一致性，充分体现了思政理论的显性思政因素和一些非政治教育课程中的隐含政治思想。在这个过程中，大学教师不仅要实现对专业知识的深刻理解和应用，还要探索知识点中包含的意识形态政治教育要素，实现学生的知识教育和价值教育。

成桂英（2018）认为，"课程思政"的概念可以分为广义和狭义两个方面。"课程思政"的狭义解释是将思政教育整合到课程中。也就是说，"课程思政"的实施范围是思政课程以外的所有课程，实施方法是通过整合相关课程来进行思政教育。政治教学课程，思政教学课程。"课程思政"的广义是不仅可以通过课堂教育的形式，还可以通过科学研究、实践、网络等其他非教室渠道进行。"课程思政"的广泛概念和狭隘概念的差异主要反映在课程实施的范围和模式上。在教学计划的实施范围内，狭义上的"课程思政"并不是包括思政课程在内的所有课程，但广义上的"课程思政"是指包括思政课程在内的所有课程。从狭义上讲，"课程思政"是在教室里实施的，"课程思政"的广义解释主要包括课堂形式在内的其他多种非课堂形式。

上述学者的综合解释使对"课程思政"概念认识的基本观点可以得到解答。可以这样表达"课程思政教育"的意思:"课程思政"既不是追加的课程也不是活动,而是教育的概念。这种教育概念是通过教师有效指导和各类主要渠道的作用,将思政教育的要素融合到各种课程中,在思政课程的同一方向上确定其他课程,实现学生的道德教育。本章从大学管理、教师队伍的构建、课程设定的观点出发,探索大学建设中课程思政的原则和道路。

三、大学英语课程思政建设的价值

大学英语课程思政结构是全员、全过程、全方位育人的必然要求。大学建设要将坚持社会主义方向,立德树人这一目标落到实处,培养德才兼备全面发展的英语人才对大学来说非常重要。

(一)坚持社会主义育人方向

大学英语思政课建设遵循社会主义大学的教育指导思想,解决了培养什么人、为谁培养人的根本问题。因此,中国的教育必须旗帜鲜明,做好"四个服务",为建设中国特色社会主义培养合格的建设者和可靠接班人。大学英语教学本身属于意识形态领域,具有浓厚的意识形态色彩,维护意识形态安全是大学英语教学不可推卸的责任。大学英语课程的思想政治建设通过课程体系的建设,弘扬主旋律,发出中国声音,讲述中国故事,弘扬中国精神,以保证社会主义大学培养目标的实现。

(二)体现立德树人的根本要求

大学英语课程思想政治建设充分发挥了大学英语课堂教育的主导渠道作用,体现了高校德育的基础。习近平强调:"要把立德树人的工作成效作为检验全校工作的根本标准。"英语学院课程的思想政治建设要求教师不仅要重视学生的语言教学和语言技能的培养,还要做好学生思想和价值观的形成,引导学生辨别是非,引导学生认清和践行社会主义基本价值观,建立文化信任,确保德育根本目标的实现。

(三) 体现"三全育人"的新要求

英语学院课程思想政治建设把思想政治工作贯穿于整个过程，融入大学英语教学的各个环节，充分体现了新时期高校"三全育人"的新要求。大学英语教师应树立育人意识，负起育人责任，把育人工作贯穿于学生成长成才的全过程，贯穿于大学英语教学的全过程和各个环节，实现课上课下、网上网下、校内校外联合育人。大学英语课程思想政治建设必须牢牢把握课堂教育的主渠道，要求英语教师提高教育意识和技能，确保"三全育人"的实践发展。

第二节 大学英语教学与思政课程的结合

一、深入挖掘思政元素，创设思政教育情境

在大学英语教育实践中，充分利用丰富的话题和高等院校英语课程的多种科目特征，发掘思政教育教材，将思政因素与教学内容相结合，形成体系性的思政教育的实践。如，外研社出版的《新视界大学英语综合教程2》第二单元的"Sport in ancient Greece and China"（《古代希腊和中国的体育运动》）课文，除了对奥林匹克精神的发展历程进行了详细的介绍，。在备课的时候，老师可以适当地扩大教育内容，通过照片和提问使学生加深对现代奥林匹克精神和对中国古代体育运动的认识。通过对古代中国传统体育运动大会的研究，有助于了解现代体育运动的发展，加深对中国传统文化的了解，建立学生对中国传统文化的文化信任。另外，向学生展示良好的榜样，培养其爱国心，强调中国选手不惧挑战、突破自身的不屈不挠的斗争精神，通过视频演示，为大家介绍中国选手在奥运会上的精彩表演。

在高等学校英语教育中，不仅要培养学生对主流价值观的认同感，教师也要注意情感的激励作用。例如，"Qitrs are winners, Bulldogs are losers"

("懦夫"是赢家,"硬汉"是输家)被提议直面失败,知道如何在短时间内放弃的人很有可能成功。教师集中精神调整成功和失败的心理,采用小组讨论的形式,让学生理解"成功不是维持本来的目标,而是从及时放弃寻找新的目标开始的"。培养学生积极面对困难的态度,帮助学生树立正确的人生观和价值观。

总之,教师要学会因地制宜,挖掘内化课程的思政因素,通过对思政情境的创设,将思政教育的内容和专业知识以及技能教育内容有机地整合,进一步促进思政教育改革。

二、加强师德师风建设,提高教师育德能力

(一)树典型,以精神塑造师德师风

依托高校、党建和思想政治工作的优势,用榜样的示范作用带动和影响全体教师,引导教师树立正确的教育观、质量观、人才观,把立德树人的理念内化到教师灵魂深处。加强职业道德教育,强化教师对学术道德、敬业精神的认知;发挥老教师的传帮带作用,在教学及日常工作中给予指导,以自身的言行影响新教师;树立典型,发挥模范带头作用。如召开教师节庆祝表彰大会,开展优秀教师、优秀教育工作者和优秀科研团队表彰活动;对从事教学工作满30年的教师进行表彰,增强教师的职业认同感和荣誉感。

(二)重建设,以制度规约师德师风

把师德作为教师职业准入门槛,完善师德建设规章制度,贯彻教师职业道德准则,建立师德考评制度与师德档案,营造良好的教风和学术氛围。建立师德建设长效机制,重视校园文化的熏陶作用,通过开展多层次、高品位的校园文化活动,如举办丰富多彩的教书育人主题活动、教育思想大讨论活动等,提升教师的道德素养。

(三)建机制,以考核落实师德师风

坚持推行年度考核、专家督导、学生评教、信息反馈制度,对教师的

师德、职责履行情况及教学质量进行综合考评，考核结果与教师的评聘、晋级、津贴等挂钩；从严科研学术规范，健全学术不端行为惩治查处机制，有效提高教师的思想政治素质和职业道德水准；落实考核评价，对教师年度及聘期考核实行师德考评，一票否决。

三、切实加强思政理论课建设

（一）高度重视思政理论课建设

要从国家发展和民族未来的战略高度，充分认识加强和改进大学生英语思政课的重要性和必要性，进一步增强紧迫感、责任感。要充分认识到政治理论是社会主义大学本质的体现，是对学生进行思想政治教育的重要途径，关系到高校培养的人究竟走什么路、跟谁走的问题。因此，高校要高度重视，把这项工作作为办好社会主义大学的一项重要政治任务抓好，切实抓出成效。

（二）增强英语教学课程思政建设的信心

高校要坚定改进和做好英语教学课程思政建设工作的信心。这种信心主要来自一下三个方面。

一是中央高度重视。胡锦涛等中央领导同志多次批示，召开会议听取汇报并进行专题研究，中宣部、教育部都做出了相应部署，特别是全国高校英语思政课建设工作会议的召开和《关于进一步加强高等学校思想政治理论课教师队伍建设的意见》的下发，使高校进一步提高了认识，增强了信心。

二是高校有很好的工作基础。多年来，各学校都十分重视大学生英语思政课的教育教学工作，领导和广大教师紧密结合学校的实际积极探索，积累了许多宝贵的经验，为高校进一步改进和加强这项工作奠定了坚实的基础。

三是大学生精神面貌非常好，思想主流积极、健康向上，因此，高校有信心把这项工作做好。

（三）突出英语思政课建设的重点

要做好这一点，高校要在以下两个方面抓好落实，开展工作。

1. 在英语思政课教师队伍建设上狠下功夫

这是问题的关键。从当前高校的情况看，无论从教师的数量上、素质上，还是从教学科研的组织上，都与中央的要求和面临的形势任务不相适应，离学生的需求也有很大差距。所以，我们一定要加大措施，建设一支高素质的英语思政课教师队伍。只有抓好这个问题，教材、教法、学科等一系列问题才能得到更好的解决。

2. 在贴近实际、注重实效上狠下功夫

主要是贴近实际、贴近生活、贴近学生。突出针对性和时代感，增强实效性和感染力，特别在开放的环境下，在网络信息技术快速发展的背景下，我们面临着很大的挑战，不论教师，还是学生，都要认真地思考和研究这个问题，探索出好的形式和办法，切实做到贴近实际、注重实效。

四、利用第二三课堂，拓展思政教育渠道

在"互联网"时代，英语课程思政教育不应被传统的课堂教学束缚住，也应利用互联网技术和新媒体平台，以补充信息和小组报告学习的形式进行，要利用二三课堂，扩大思想和政治教育的渠道。例如，在国内外的一些主流平台，如 China Daily（中国日报双语版）等，选一些内容具有思政教育价值的资料，作为课堂阅读教材，尤其是主流媒体和媒体评论的报道。这样，学生不仅可以了解相关政策、经济、文化在中英文不同语境中的不同表达，还可以学会正确理解相关术语，培养对时事的关注。例如，"一带一路"，另一个、"人类命运共同体"等热门词汇。除此之外，慕课（MOOC）和"翻转课堂"的发展为思政教育提供了更丰富的教育形式。依托国内在线教育平台，大学可以建立具有共同特点的思政理论课程"慕课"，并在"慕课"平台的支持下，促进思政教育的构建。

第三节 大学英语课程思政实践路径

一、全面贯彻落实立德树人根本任务

要将立德教育这一基本工作落到实处,就要始终把思想和道德教育放在教育中心和重要位置,始终坚持教书和育人相结合,将之贯穿于整个教学过程。加强社会主义核心价值观教育,将符合中国国情的价值观与人才培养系统相结合、继承优秀的中国传统文化和教育思想,提高受教育人的思想意识和政治意识,加强理想和信念,最终将他们培养成拥护中国共产党和我国社会主义制度并立志为中国特色社会主义事业而奋斗的社会主义新青年。

第一,深入学习、贯彻习近平新时代中国特色社会主义思想,加强党的理论、方针和政策教育。高度重视理想信念和中国梦的宣传教育,用社会主义核心价值观引领风尚。要继承民族精神和时代精神,全面加强爱国主义和集体主义教育,增强民族自豪感和自信心,引导学生树立共产主义的崇高理想和中国特色社会主义的共同理想,培养学生的综合能力和创新意识,最终牢固树立德育为先、智育为重、健康第一,以美育人和崇尚劳动的价值观。

第二,全面推进习近平新中国的社会主义思想编进教材、走进课堂。最新的理论成果可以与教科书很好的融合,增加课堂的吸引力和活跃性,让学生了解习近平新时代中国特色社会主义的深刻内涵。

第三,集中建立完整的教学体系,将各种课程和思政元素相结合。仅仅依靠意识形态和政治理论课程来教导学生是不够的。只有当"课程思政"的概念被整合到大学的各个课程中时,才能对大学生产生影响,进而实现立德树人的最终目标。

如果说大学人才培训的目标只反映了教育的必然要求,是受教育者综合素质的展望,那么课程系统将在一定程度上决定这一前景是否能实现,以及受教育者的综合素质的结构呈现。因此,教学计划体系占据了高等教育的核心地位，成为反映现实生活中教育终极理想的桥梁。课程的构建和改善是实际探索培养怎样的人才、如何培养人才的方法。

目前，我国高等专科学校的教育结构分为以下两种。

第一种，按照基础课和专业课的划分，所谓基础课，是指教育者需要掌握的专业基础理论、基本知识和基本技能；专业课程是独立学院为培养学生的知识和专业技能而开设的专业课程。

第二种，按必修学科和选修学科划分。所谓高校公共必修课，是培养专门人才的基础，是所有高校学生必修的课程。基础课是必修课，选修课是他们根据自己的兴趣想深入了解的领域。因此，如何构建英语思政课教育课程体系，实际上就是探索如何改进英语思政课教学。

构建以英语思政课为基础、以综合素质课为支撑、以培训课为辐射的"大思政"课程系统，不仅是必要的，更是需要构建教育的连续性思政体系课程，并将之贯穿小学到大学的全部课程。对于必修课，包括大学英语和大学英语在内的课程，我们可以增加相关的思想政治内容。同时，也可以在高校选修学科中找一些相关课程，并将思想政治教育的内容融入其中。

大学英语具有最长的授课时间和最广泛的群体特征，在整个大学教育课程系统中发挥着重要的作用。如果想加强大学英语的思政功能，应该在构建科学合理的大学英语课程制度的基础上，找到科目教育和思政教育的最佳组合。

二、深入挖掘英语教学内容中的思政元素

（一）《新视野大学英语读写教程》第1册——外语教育研究出版社

在这本教科书中，有与中国传统节日、中国航空事业的发展、道德教育、中国历史事件、中国教育的发展、中国国家传统美德环境保护教育和中国的和平政策等8篇有关思政教育的内容。中国人民大学出版社出版的《新英语视听说教程》，有中国传统民间艺术品、中国"四大名著"、正确的三观教育、中国传统节日、环境保护意识的培养等五大思政问题的

内容。

1. Unit one：Fresh start

英译汉部分讲述的是古希腊哲学家苏格拉底的一些思想。而汉译英部分介绍的是我国历史上著名的儒家学派创始人孔子《论语》。

2. Unit two：Loving parents, loving children

英译汉部分介绍的是西方具有代表性的节日——圣诞节，包含圣诞节的起源和一些有趣的习惯，是典型的西方节日。中译英部分是关于中国传统的法定节日——中秋节。主要讲的是赏月吃月饼这两个中秋节的重要活动。

3. Unit three：Digital campus

英译汉部分，讲述了伦敦地铁的开发史。而汉译英部分讲述的是关于中国航空业的发展史。从1970年开始，中国成功发射了第一颗人造地球卫星。2003年，中国成功发射了"神舟五号"宇宙飞船，2007年发射了"嫦娥一号"。2013年，中国成功发射了"神舟十号"。这种文章对学生来说非常重要。不仅要提高学生对热点词汇的掌握，也提高学生对国家的信心。

（二）《新英语视听说教程》——中国人民大学出版社

1. Unit one：Differences between cultures

这部分听力训练的内容是中国剪纸艺术。这一部分的结尾是对唐代繁荣的古代中国传统文化的简单介绍，只是内容很少。教材的编写者可以增加更多关于引入中国非物质文化遗产的内容。其中，民间艺术的形式包括中国绘画、民俗舞蹈、民间戏曲等国粹。同时，中国的剪纸部分还可以添加一些剪纸作品，以吸引读者的学习兴趣。第二部分听力训练，则是关于被誉为"世界七大奇迹之一"的万里长城的相关内容，同时还介绍了西安和中国国宝——熊猫。在听力培训的最后一部分，我介绍了中国四部著名作品之一《西游记》的大致内容和"孙悟空"这一典型角色的性格特征。在这一部分，教师可以选择一些精彩的《西游记》片段，让学生观看，从中了解到更多的经典名著。本单元的最后一部分，还介绍了不同国家的礼仪文化，包括见面的礼仪和餐桌礼仪等。

2. Unit four: Gatherings and parties

教师不仅可以介绍外国人的生日派对和万圣节等西方礼俗，还在第 3 部分可以谈谈中秋节、元宵节和春节、重阳节、清明节等中国的传统节日，通过对比了解中国传统节日的文化意义。

三、不断改进大学英语教育者的教学方式

在教学法方面，应该革新教育模式，加强英语教育者的手段。教师采用灵活多样的教育方法，可以课程思政的接受度。下面我们将对《21世纪大学英语新版》《新地平线大学英语读写课程》《新英语音频视觉课程》这三本教科书的部分篇章进行分析，为大学教育者提出建议。

（一）《全新版 21 世纪大学英语》（读写课程第 2 册）——复旦大学出版社

1. Unit one: Bonds of friend ship texa a help for the helper

故事讲述了主人公在父亲去世后遇到一个陌生朋友发生的故事。有一天，主人公遇到了一个身体残疾的陌生人（mnbums），于是善良好心的主人公将其扶回了家，并帮他沏好了茶。就这样，主人公只要有时间就会去探望 mnbums，帮他做力所能及的事情。于是，他们渐渐认识了，小女孩（主人公）开始敞开心扉，告诉 mnbums 失去父亲的痛苦。她不停地叹息，后悔在父亲去世的前一天没有和他说一句好话，更没有和父亲正式道别。Mnbums 一直是个倾听者，偶尔也会讲自己的故事。直到有一天，女孩路过陌生人的院子时，看到 mnbums 像个"正常人"一样在花园里干活。她非常惊讶。mnbums 才告诉她，他的腿没有受伤，只是因为他感谢女孩的好意。他决定帮助她走出迷雾，因为他能深深地感受到失去家人的悲伤。那就是所谓的"赠人玫瑰，手有余香"，陌生人之间的诚实也能使两个人成为亲密的朋友。老师在授课时，可以把一些帮助各行各业的人的激动人心的视频复制给学生，然后分析他们所写的文章，最后让一些学生讲述身边的好人和他们所经历的好事，或者老师可以和学生分享他们的生活经历。

2. Unit two：Road to success

这一篇里的 Text a，Just Do It—Jump-Start Your Career 主要讲的是作者对通往成功道路方法的探讨，作者列举了1994年斯堪的纳维亚船只在瑞典港沉没的例子。危机时，1000多名乘客因担心危险而留在船上，只有大约100名乘客勇敢地离开了船。最后，选择停留在舒适区的乘客沉入大海，那些离船的人得救了。老师可以帮助学生提问，帮助他们更彻底地理解文章的中心思想。比如说，遇到困难的时候，不要担心，不要害怕，不要退缩，应该勇敢地去面对。

3. Unit three：Being true to one's self

这一篇中的 text a how to be true to yourself follow these sure steps to self-respect 一节主要是作者关于"如何做到真实自己"的讨论。通过一系列的实例，揭示了最重要的素质是有一颗诚实的心，当今社会需要这群诚实的人。通过这些故事，教师可以逐一分析文章所蕴含的人生哲学。第一个故事是关于一个护士，当她发现主治医生从病人身上取下的纱布较少时，她负责任地询问了医生。这个故事告诉我们，如果你坚信你所做的是正确的，你必须坚持。第二个故事是 David Ogilvy 创立的奥吉尔维 & 马特广告公司的故事，提醒你，要一直给予别人信任。最后，作者强调了自尊的重要性，应该坦诚地对待问题。

（二）《新视野大学英语读写教程》第1册——外语教学与研究出版社

1. Unit four：Heroes of our time

课文部分 heroes among us 说的都是一些国外乐于助人、不怕牺牲的例子，教材编写者可以加一些国内英雄的故事，例如说一说雷锋乐于助人的故事或者狼牙山五壮士的故事。除了这些抗战故事，还可以在讲课的时候，给学生看一些时事新闻中的英雄故事，比如《感动中国》里的英雄——杜富国的故事，他在边境的扫雷行动中突遇危险，英勇负伤。这一章的中译英是马可波罗去中国旅行的故事。

2. Unit six：Earn as you lean

这篇汉译英部分对中国的教育事业发展进行了简短的概括。中国政府一直主张通过科学和教育来发展国家,并全面提倡高质量教育。中国的教育成果反映在两方面,一方面是九年义务教育全面普及,另一个是高等教育的普及。教育的发展极大地促进了中国经济和社会的发展,在一定程度上增强了国家的信心。

3. Unit seven: Hoping for the better

汉译英中介绍了"诚"与"和"是中华民族的传统美德。在人与自然的关系上,人类理解、尊重和保护自然则需借鉴古人的智慧。即使在今天,和谐发展仍是我国的发展理念,中国也正在推进构建社会主义和谐社会。这就证明了生态观在政治思想、教育中的重要意义。教师可以把英语文章和思政教育相结合,给学生补充课外的阅读和听力资料,有助于加深学生的理解。

4. Unit eight: Friendship across gender and border

这一节的英译中介绍了联合国的经验。同时,也介绍了中国多年来的独立自主、和平的外交政策。可以结合时事介绍中国的外交政策。

(三)《新英语视听说教程》——中国人民大学出版社

1. Unit seven: Holidays and vacations

这篇包含了许多传统的中国节日,包括中国的节日描绘和十二生肖动物的简要叙述。第二部分介绍中秋节的特征,教师可以使用多媒体向学生展示中秋节的习俗。还可以讲一些关于月亮的神话故事,比如嫦娥奔月、吴刚、伐桂等。第三部分介绍春节、清明节、端午节等。通过师生间的沟通与交流,不仅可以提高课堂的趣味度,还可以讲解传统文化知识。

2. Unit nine: Survivals environment

这篇叙述了固体废弃物和非分解性垃圾的危害,先进的生物技术为我们提供了更多的解决和处理垃圾的方法,同时也强调人们应树立绿色环保理念。本章在教学过程中,可以介绍有关环境保护的知识。

第四节 基于课程思政的大学英语教学改革

一、《大学英语》课程思政教学改革探索

无论哪一门课程，教学成功都取决于教师、教材和教学方法这三个重要因素。高校的思政教育也不例外。教师是推进课程思政的主导者。教科书是实施思政教育的基本保证，教学方法规则是实施课程思政的方法和关键。通过在教师、教材、教学方法上下功夫，制定人才培养目标、设计教学大纲、选择教材资源、设计课堂教学、教学考核评价等各个环节融入课程思政的理念，切实发挥大学英语课程思政的教育效果。

（一）转变理念，提升教师的课程思政意识和课程思政能力

1. 实践创新，理念先行

在大学英语学习过程中，思政教育首先要转变教育主体的教育观念，正确认识和处理知识传递与价值观引导的关系，提高教师的思想意识，并使之意识到自己在大学思想教育中的任务和责任，认识到"立德树人"是所有教师的神圣使命。在教学过程中，要始终立足于党的理论、路线、方针政策，传播社会主义核心价值观和先进文化。大学英语教师要有坚定的信念、扎实的理论，做学生的楷模，言行一致，能以高尚的人格魅力感染学生。

2. 加强思政技能培训，提高思政教育能力

大学英语教师必须不断努力提高政治思想素质，研究和学习党的理论、路线、方针和政策，这是做好课程思政的前提。许多英语教师没有很好地利用英语课程中的思想政治资源，导致课程思政实效性不高。与此同时，大学英语课程思政要遵守思想政治工作规律、教书育人规律、学生成长规律。此外，英语大学教师应加强对课程思政的理论研究，不断提高思想政治教育的能力和水平。汇聚优秀教师，突出团队组合，打造"课程思

政"科研和教育团队，开展课程思政专题教育研究，不断探索课程思政教育的有效方法、途径和手段，实现全方位、全过程、全员立体化育人。

（二）修订人才培养方案和教学目标，深入发掘课程思政教育资源

修订专业人才培养方案，在教育目标中体现思政教育的概念，树立学生坚定的正确政治方向，树立科学的人生观、世界观和价值观，培养学生的良好道德品质。在设定英语课程的教育目标过程中，不仅要关注英语的知识和技能，还要强调语言表达中包含的感情、态度、价值观，强调对学生世界观、生活观和价值观的培养。例如，《新视野大学英语视听说教程》第三册"Unit three Love Your Neighbor"，除了课程的专业目标之外，还有"团队合作、热情友善、乐于助人、环境保护"的思政教育目标。

要开发思想政治教育课程资源。不同版本的大学英语教材中都有许多思政教育内容。要善于发现、整理和使用这些宝贵的思政教育资料。然后，结合学习计划和目标的确定，及时运用这些主题材料，对学生进行思政教育。

通过在教材中增加中国政治、经济、文化、历史等方面的文章，提倡学生的文化忠诚，加强母语文化认同，学生可以在课后的练习中加入中西方文化比较的讨论进而更好地传播中国文化。

（三）探索大学英语"课程思政"的路径和模式

课堂教学是思政教育的主要渠道。抓住课堂教学，"课程思政"教育就会成功一半。

1. 深入挖掘思政素材，精心谋划教学设计，有效实现育人目标

首先要提前确定思想政治教育课程的目标，开展提问或课堂讨论，每个模块、每篇文章、各种专题，结合社会主义核心价值观，充分利用现有思想政治教育相关教材。此外，还可以利用互联网资源和图书馆作为补充材料，选择含有思政元素的英文材料。

大学英语教师可以根据自己的专业、英语基础、兴趣等，找到适合学生成长的思维点，将思政内容巧妙地渗透到学生的注意力中心。开展集体备课，同一班级的教师可以在课后、教材内容上相互分享，以期在英语教

学中找到教育的意义和策略，更新课程中所包含的德育要素，有序地发挥德育的功能。对于社会主义的核心价值观，使之具体化、生动化、引人注目，将其转化为课程，并贯穿于整个学习过程。

2. 在教学方法上，注重灵活与创新

教师灵活运用课堂教学、答疑、讨论、知识竞赛、演讲、讨论、案例分析、演示和报告、在线互动等教育形式，灵活运用思政元素，通过听说读写、翻译、音乐、电影、电视鉴赏等手段，巧妙地融入各种各样的课堂教育中。通过学生的讨论、探索、合作、实践，可以促使学生积极参与，包括对特定话题的小组讨论和分组讨论、培养合作精神、指导学生思考特定的价值概念、树立正确的价值观等。或者学生可以通过角度扮演，提高感情经验，"听众"也可以从旁观者的角度来引导学生树立正确观念。

3. 融合现代信息技术，增强思政教育的吸引力

随着互联网等新媒体和新技术的开发和普及，课堂教学内容不仅以文字形式呈现，还以照片、音频、视频等形式和模式呈现。充分利用互联网等新技术工具、新媒体，结合传统课堂活动，学习"互联网+政治学"、互动式课程、网络混合式学习方式、翻转课等多种学习形式，使思想政治教育工作更具实效性、现代性和激励性。我们还可以构建在线英语课程和政治活动的思路，建立官方微信、QQ群、微信群等自媒体，开设"英语思想政治课讨论组"；大学英语教师要根据各单元的教学目标和内容，发现大学英语教学和思想政治教育的结合点，考虑学生关注的热点问题，提前过滤新鲜感。通过任务型教学，学生可以参与并完成相关话题的讨论，在课堂或网上展示自己的发现和成果；学生还可以推荐健康、优质的教材。旨在调动学生参与英语学习的积极性，提高学生的学习能力和思想政治意识。

（四）探索适合思政教育的考核评价内容和方式

为了有效地评价和巩固大学英语教学中课程思政的成果，学生学习效果的评价和考核应从专业层面扩展到人文素质、社会责任和团队合作等多个层面，因此应由过程评价和综合评价组成。在大学英语形成性评价中，综合评价学生的学习态度、学习方式、积极情绪、帮助他人、提供教学资源或材料、澄清学生的疑问和志愿服务等方面的表现。平时和期末考试中，试行无人监督考场，让学生自我监督，独立考试，以测试学生的道德教育和自我培养效果。

三、课程思政视域下大学英语教学改革的措施

为了综合改善高等院校的教育效果，更好地从思政教育的角度进行相关教育改革活动，我们应该加强相关工作，提高综合教育效果。

1. 课程教学之前的准备

在教授英语之前，教师应通过网络平台向学生发送一些课前准备好的关于本节课的图片信息和文字信息，以引导学生充分了解有关的英语知识和思政知识。为了明确学生上课前的预习情况，教师可以使用云计算平台，评估学生完成的学习任务，唤起学生的学习兴趣，提高课前准备工作效果。

2. 创新课堂教学手段和教育方法

（1）要创新课堂教学手段

课堂教学是为学生提供更稳定、全面、系统的空间环境。然而，课堂教学具有同质性，缺乏感性特征。要运用创新的学校教具，需要改进以前的"一块黑板、一支粉笔、一本教科书"的传统教学方式，善于采用投影仪、计算机、多媒体程序、音像教育演示等现代教育方法。

要教育改变"填鸭"式的教学，在这些灵活多样的教育方法的帮助下，师生之间形成互动，通过学生的广泛参与，可以充分调动学生的主观能动性，提升教学效果，满足教学需求。

（2）拓展课外教学形式

教学不仅要在课堂上，更要拓展校外教育的形式。例如，学生参加社会和实践活动，亲身体验中国改革开放的伟大成就和党的道路、方向和政策的准确性。经常走访各类学生进行思想政治教育，以促使他们树立共产主义理想，以及正确的世界观、人生观、价值观的形成，最终取得思想政治教育的实质性成果。

第五节　混合式教学模式下大学英语课程思政教学设计

一、教学设计

教学设计是通过系统的方法来对教学中的问题进行分析，对教学目标加以确立，对教学过程中存在的教学问题设定相应的策略方案，针对方案的施行情况加以评价，之后开始修改方案。

进行教学设计的目的是为了通过最佳的途径或方案来达到预期的教学目的，这就要求老师们要不断地观察、反思，并要加以修正。由于英语专业教学有一定的同质性，还有课堂教学中存在的差异性，主要体现在课程课型、教学对象、教学条件等方面。

在新媒介时代的大环境下，要想使教学设计得到进一步加强，不单单要认真遵守语言教学与教学设计的基本原则，尤其要对现代教育技术的合理运用加以重视，还要对多媒体、多模态的课堂教学持续的强化，使得英语专业教学效果更加显著。要想更好地开展多媒体、多模态环境下英语课堂的教学设计，就一定要对英语课的教学目标、教学条件、教师和学生的信息素养、学生的语言水平和心理特征等因素做充分的考虑。除了这些，还要对于教学的本质以及它的运行机制进入深入的研究，打破以往单向的、传统的教学模式，使教师和学生之间形成平等合作的关系。

二、大学英语课程思政教学设计

网络技术的发展，移动应用如智能手机和移动终端的快速发展，为大学英语进行混合式学习提供了基础和条件。在基于移动设备的英语学习模式中，与高校传统教学模式相互补充，使在线自学和远程学习成为可能。在高校英语混合教学过程中，高校英语的思政要素在授课前后可以巧妙地融合在一起。通过学生的学习、实践、理解再加上教师的积极指导，可以实现大学英语课程思政的顺利实施。

根据这种模式，教师将包含思政元素的学习资源放置在学习平台上，鼓励学生独立学习，针对课堂学习查漏补缺，最大限度优化教育资源，实现思政元素与授课内容的良好结合。

（一）课前线上准备

基于专业知识、课程思政的大学英语混合教育模式要求教师在教室的各个阶段对课堂实践进行有效反馈。教师是大学英语课程的课程思政的指导者和引导者。

在上课前，大学英语教师将传统教学模式中所准备的软件和教材上传到学习平台，充分考虑教育单元的主题，确定单元的思政教育目标，以主题为线索，结合社会主义、家庭、国家感情的核心价值，通过各种方法将有关思政资料融入课堂教学当中。

比如，在《大学进阶英语视听说课程》第三册第五单元教授"Friendship"的时候，首先，教师要根据"Friendship"这个主题，找到思政因素的入口，这一单元的思政教育目的是为了讲授中国优秀传统文化中"友善"的品质。寻找适合主题的音频、视频和文本素材，通过检索，发现了管仲和鲍叔牙的故事、联合国儿童基金会的爱心大使奥黛丽·赫本的"For what is friendship"演讲、马克思和恩格斯的友情、其他视频资料、等相关资料。

把这些资料准备齐全后，教师可以将这些材料分类为课程配置。例如，可以将管仲和鲍叔牙的故事可以放在课程的介绍部分，奥黛丽·赫本的演讲可以放在课程的听力训练部分，可以把关于马克思和恩格斯的友情放在讨论的部分，社会主义核心价值观可以放在课后练习部分。分类后，教师将这些教材上传学习平台供学生自主学习。

做好相关准备后，教师还必须有效处理这些素材。关于引导部分，可以编辑为供学生讨论的问题，以便在上课前利用课余时间进行思考和讨论。另外，还可以设计一些问题，课堂授课时向班上的学生提问。在课后的练习部分，学生可以利用学习平台在课余时间完成，但教师必须完全控制。此外，教师还必须准备相关问题，测试提问，并将其作为课后定期评估的一部分上传到学习平台。

（二）课中线下融入

在混合教学模式下，课堂上的学生不再是被动接受知识的人，而是积极参加的主动者。老师不再是自言自语的留声机，而是教室里的控制者和引导者。教师不需要为了课堂教学而点名，只需环视教室，在学习平台上发出签到指令，学生可以使用自己的移动终端工具登录学习平台，老师和学生都可以节省时间。由于教师在上课前在学习平台上公开了这些相关资料，学生通过学习平台完成了这部分内容的学习，教师和学生在上课前都做了充分的准备并进行了在线检测，因此教师只要通过语言和语法讲解就能实现教学目标，不需要像以前那样分析文本结构和知识点。教师通过学习平台分析学生的在线学习情况评估学生的掌握情况，以该单元的知识的整合和扩大为焦点，针对学习目标进行说明，进一步消化和整合学生未学习的知识。

例如，上课前老师上传到学习平台上的管仲和鲍叔牙的故事，学生们要提前预习，准备自己的个人意见，在课上进行讨论和发表，也可以利用中国古代和现代名人之间的友谊话题在课堂上演讲。同时，其他学生会提问，老师会给学生评语，提高学生对大学英语学习的兴趣，鼓励更多的学生共享课堂上准备的内容。通过管仲和鲍叔牙的故事，学生可以更好地理解中国的传统文化。

接下来，老师可以举出马克思和恩格斯伟大无产阶级友情典范的例子，希望学生能够理解马克思主义友情的概念，正确理解人生中友情的地位和价值，在志同道合的基础上追求友情，从而能够立德修身，择善而交。

通过教师在线下课堂的有力引导，能有效提高学生的英语综合应用能力和跨文化交际能力。同时，让学生从理性的角度看待西方文化，树立社会主义核心价值观，增强对中国优秀文化的认识，在大学英语课程中润物细无声地融入课程思政。

（三）课后线上加强

线下课堂的融合进一步加强了英语知识的传授和价值观的统一。下课后,老师可以根据目前社会热点,利用《中国日报》、学习强国上的一些有效资源,在课后的学习中融入思政教育的内容。比如,教师在课前挖掘出来一段社会主义核心价值观的"友爱",可以设计成翻译题上传至学习平台上,学生们利用课余碎片时间就完成了翻译练习。在完成练习的过程中,学生们会自觉地接受社会主义核心价值的教育。同时,教师可以使用学习平台,根据单元主题组成小组讨论。下课后,教师在学习平台上研究学生的课题和考试,了解学生的熟练程度。使用混合教学模式,学习平台可以分析作业和学生考试的数据,并迅速确认学生是否掌握知识。为了加强学生的英语学习,教师要鼓励学生在平台上多学习和说话,避免只学知识不开口的现象。学生们还可以通过学习平台与教师进行提问和讨论,打破时间和空间限制。

第五章　互联网视角下大学英语混合式教学模式的应用

第一节　互联网视角下混合式教学模式的应用策略

一、混合式教学模式

教学模式是指在特定的教育思想指导下，以及在特定的环境中发生的一种稳定的教育活动的结构形式。这里说的混合式教学模式专指传统教育与网络教育的结合：按照以学生为中心，以教师为导向的原则，在课堂上和网络上，将多种教材和教学工具有机结合。本书所描述的混合教育模式不仅包括课堂教师教学手段的整合和学生在网络平台上自主学习的定位，还包括网络平台上的课堂学习与学前和课后学习的结合。教育资源与教育环境的整合是成功推进一体化教育模式的基础，可以把面对面学习和网络教育的好处结合起来，把教育导向和学习型教育的长处结合起来。在教师的帮助下，学生可以及时、主动地获得知识，获得最佳的教育效益。

二、互联网视角下大学英语教学方法的应用

（一）微课在大学英语教学中的应用

微课，也叫微型课堂，在现在的英语教育中很流行。微课的概念是由

美国新墨西哥州圣胡安学院的戴维·彭罗斯在 2008 年提出的。

在戴维·彭罗斯的概念中，微课的中心思想是将教育内容和教育目标紧密联系起来，创造"更集中的学习体验"。

"更专注的学习体验"显然对今天的大学英语课更有用。微课以视频为中心载体，与动画、声音、图像、文字相结合，更加注重学生的学习效果和学习情境，并认为语义的关联是可以实现的。

1. 微课教学的特点和优势

微课教学的实质性内容（即视频课）为课程设计和教学材料提供了部分经验教训和补充材料，同时也帮助教师的评论和补充其他教学材料。这是为了使教育录像成为其主要方式，并充分利用教育中的各种教育资源。微型类的特点是内容量较少、方向明显、时间较少、资源容量较小，适合上网浏览和下载。这符合学生的认知特征和学习规则，非常适合学生课外独立学习。

总结起来，微课主要有如下三点优势。

（1）每次课时间都不长且内容十分丰富。在大学英语课上的微课班一般持续 10 分钟左右，不到 15 分钟，但内容比较丰富。这使各级学生能够学习新知识。

（2）题目知识点清晰，且内容集中。微课内容的特点也使主题更容易理解。每一个微课班的重点是一个主题，解决一些实际的学习困难或重要的问题，可以更加具体地解释一个特定的英语语法，专注于重难点。

（3）使用起来方便，学生可以灵活选择。微课视频容量不大，视频格式也很普及，而且对网络播放速度的要求不是很严格。学生可以在上课时看，或下载到终端设备，如智能手机、笔记本电脑等，舒适、灵活、简单，没有限制。

学生可以随时在适当的环境中学习新知识，缓解学习压力，在某些课程中，老师会花大量时间准备微课，精心挑选或准备相关视频供学生参与。这样，学生可以仔细分析要点和难点，并为学生的问题准备适当的答案。及时与老师沟通，在小组讨论中解决问题，教师通过及时观察和教学，注重解决问题，促进学生自主学习和对知识的理解。

2. 微课在大学英语教学中的应用

微课被广泛用作大学英语教学各个方面的教育视频，如课前抓取、课

127

前抢先、课后难以解释的练习等。在大学英语课堂上采用微课的教学方式，会发现学生对枯燥的语言课的兴趣增加了，学生学习英语的积极性被激发出来，学习和教学的有效性被提高。

微课可以应用在以下四个方面：

（1）预习新的内容。利用微视频进行课前预习，学生可以详细观看视频，不仅可以令学生感到兴奋，还可以介绍课程新内容。

（2）重难点讲解。根据课程的需要和学生的知识水平，重点讲解需要特别注意的问题，使微课可视化。它不仅解决了课堂上时间不足的问题，同时也解决了知识难以深入学习的问题，而且有利于学生的再评价和学习。

（3）课后复习。学习一门语言需要重复练习，尤其是在英语学习中需要学生学习大量的词汇、句型和语法时。因为在课堂时间有限，很难充分重复练习。微课的引入可以很好地解决这个问题。教师可以制作一些教学材料的微视频，让学生可以重复练习。学生在课余时间自主学习，增强知识。

（4）有效促进学生自学。使用微课可以创造一个环境，帮助学生随时随地学习英语。教师将微课资料放在互联网上，让学生通过移动互联网和设备进行和学习，有助于提高学生的学习兴趣。

微课的制作，需要拍摄、编辑、网络等技术，教师在这方面的素质需要提高。

当然，应该指出的是，微课开发是对传统学习方法的有益补充，但并不能取代传统学习方法。大学英语教师需要在实际的英语教学中充分利用微课来平衡二者之间的关系，补充传统课堂，提高大学英语教学的有效性，同时达到提高英语成绩的目的。

（二）翻转课堂在大学英语教学中的应用

移动互联网的发展彻底冲击着以平面媒体为基础的传统教育结构和流程，也推动了教师角色、课程设置和管理模式的变革，这被称为翻转课堂。

翻转课堂的意义严格上来说，指的是对课堂内外的时间重新调整，将研究决策权从教师转移到学生身上。

1. 翻转课堂的显著特点

与微课一样，翻转课堂也是建立在高度发达的网络上，因此翻转课堂的特点基本上与微课相似。

（1）简洁短小的翻转课堂视频通常在几分钟内，较长的视频不会超过20分钟，只是让学生把注意力集中在课堂上。而视频会重点对几个问题进行讲解，基本上视频所讲解的知识点，会更适合学生自学。

（2）视频内容围绕主体内容展开，翻转课堂颠覆了对视频内容的要求，比微课视频更严谨，内容更多，课堂效果更好，将课堂视频翻转到主"位置"，对视频元素的控制更精准，这些因素在学生自学的条件下很重要，严格控制不必要元素的形状，以免分散学生的注意力。

（3）瞄准缺口、主动查漏补缺。传统的英语课程不考虑每个学生所接受知识的具体情况，而可以基于大多数学生所接受知识的百分比。"满堂灌输"的形式的同步学习是不正确的，会扩大学生之间的差距。翻转课堂，从根本上杜绝此类问题的发生，学生的快速发展可以自主规划学习的时间和速度，并且提出相关问题，老师必需要对具体提问做出回答，学生的缓慢进步可以提供一个适合整体的学习节奏，同时教师可以对问题进行解答，并且可以对薄弱的知识点进行强化。

2. 翻转课堂在大学英语教学中的尝试

基于移动互联网丰富的资源，改变了学生和教师的传统角色，学生成为学习的主角，教师成为配角。事实上，这打破了现有的传统，教师采取指导，评估学生的学习状况，并给予学生主动权。

尽管翻转课堂的好处有很多，但要根据学生的学习能力、知识储备等情况，注意以下几点：

（1）翻转课堂并不是说要把教学和学习任务都给学生，翻转课堂的核心价值在于师生在课堂的良性互动。

（2）视频不能代替教师，教师必须根据教学实际情况调整培训内容，消除学生的疑虑。

（3）让学生只看视频，这是对翻转课堂的错误认知导致的，要提高学生与教师之间的互动和个体沟通，让学生获得更多个性化的学习方法和更丰富的知识才是最终目的。

（三）微信平台在大学英语教学中的应用

1. 微信的特点及优势

随着智能手机的普及，移动阅读逐渐成为趋势，微信为学习创造了一个新的多功能平台。微信的出现，不仅增加了人们日常交流的形式，也将大学英语的"教"与"学"联系起来。

微信既是一种交流手段，也是学习英语的辅助工具。目前，哑巴式的英语教学和中文式英语教学在大学和学院中普遍存在。

带有操作通信的微信息正在成为大学英语教学的另一个有力帮手。

2. 微信在大学英语教学中的使用

大学英语教师利用微信创造师生交流的平台。教师可以利用微信群平台的共享功能，创建微课堂群，与学生快速接触，直接用英语进行交流和实践，培养学生的研究习惯，激发课堂，帮助学生解决问题。学生还可以互相交流、展示作品、互相学习，有意识地学习英语，巩固所学知识。

此外，教师还可以通过每天的英语卡片和微信，及时获得每个学生的英语学习动态和受教育程度的信息。

通过让他们在某些任务中经常使用微信发送通知，教师可以同步推送学习材料，直接从小组发送音频任务，鼓励学生在聊天室中直接分享卡的信息，鼓励课前预习。所以教师可以计划学习任务。除了辅导外，宿舍还挑选了一名监督员，让学生及时完成作业并报告结果，以确保学生不会忘记或错过训练。同时，可以让微信更好的走进学生的日常学习中，比如用英语唱歌，让学生自动获取有用的音频和学生阅读材料，达到主动学习，增加学生的知识的目的。

（四）英语学习 APP 在大学英语教学中的应用

1. 教学 APP 的选用

随着学习英语热情的高涨，各种英语 APP 如雨后春笋般层出不穷。智能 APP 的出现为工作和学习都带来了不少便利，它们内容丰富，不受空间限制，因此深受学生和英语需求高的白领群体的欢迎。

英语语言培训课程包括英语阅读课程、词典、词汇和英语口语课程，使学习英语变得容易。经过比较选择后,教师可以推荐学生下载学习资料,并将其作为提高学生学习英语兴趣、增加自学机会的重要工具。为了提高课堂互动性,建议下载带有互动方式的 APP,比如超星学习通。

2. 教学 APP 在大学英语课堂中的应用方式

在大学英语教学中,口语是十分重要的一环,这对学生日后能否用英语进行日常交流起决定性作用,因此在日常英语教学中,教师应注重语音和语调的教学。

在使用应用程序之前,教师必须展示学习的目标和结果,以便学生能够充分理解学习的重要性。

如超星学习通是一款可以与电脑和智能手机同时使用的移动教育软件,该软件具有强大的功能和交互性。

教师可以在课程中创建课程和班级,下载教材,学习和教授学生。教师还可以充分利用 APP 的资源进行探索,丰富学习内容,使用示范培训包直接建设课程,节省时间和精力,根据自己的教学实践,使学生选择真正对自己有用的程序并且使自己改变。让学生以多种方式参与,最大限度地激发学生的学习兴趣,调动学习动机,提高课堂教学效果。

学术标签功能可以设置常用的签名、手势、位置、地点、二维标签、表格,及时统计,这是为了防止学生产生厌烦情绪,教师对学生的情况一目了然。

在教学过程中,老师开始话题讨论,学生在手机上编辑自己的回答,每个学生自由表达自己的意见,最后,系统自动统计,学生可以查看讨论。

课程结束后,教师可以根据课程进行考试,考试可以设置几种题型,以提高考试的有效性。

其他互动活动包括问卷调查、专题工作、计时器、直播。通过各种各样的课程,学生们可以真正参与课堂。在所有这些活动中,教师需要使用他们的智能手机,他们可以通过屏幕启动工作并充当控制器,以便学生可以方便地看到其他学生的所有活动。

在日常教学中,执行学习任务,将学习和 APP 结合起来,创造了一个多方面的互动学习环境,受众更加多样化,激发其主动性、研究性和创新性,学习效率自然而然也会有所提升。

131

第二节 基于"雨课堂"的混合式教学模式在大学英语教学中的应用

一、"雨课堂"

(一)"雨课堂"的概念

"雨课堂"是学堂在线与清华大学在线教育办公室共同研发并于2016年推出的一种免费智慧教学工具,是一项新的研究成果。"雨课堂"研发旨在通过连接师生的智能移动终端,全面更新课前、课中、课后的学习体验,实现师生之间的分层实时互动。在系统软件中,可以看到"雨课堂"由远程服务器、智能手机和计算机终端组成。其中第一个保证了整个系统的运行,以及对教育数据的采集、存储和分析、决策等。"雨课堂"可以看作是一个内置在 PowerPoint 中的模块,所有功能都是基于 PPT 和软件之间的链接,并扫描二维码来提供 PPT 和课堂之间的链接,"雨课堂"在一定程度上符合教师的需求和习惯,其便捷性和无障碍性降低了师生使用教育工具的门槛。

(二)"雨课堂"的特点与功能

"雨课堂"类似于一套智能学习工具,允许教师根据自己的学习需要从中选择工具,从而有助于课堂学习。"雨课堂"通过所具备的功能将课前、课中、课后三个环节的有机衔接,如图 5-2-1 所示,为学习过程提供了全新的互动体验。根据教育需要,精心规划教材,确保课堂上的传统学习和在线学习有机结合。"雨课堂"可以执行资源推送、发布公告、管理教室、组织和评估教育等功能。

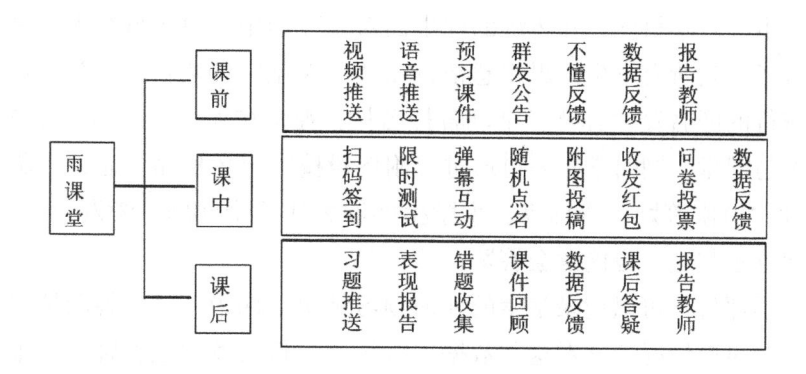

第五章　互联网视角下大学英语混合式教学模式的应用

```
                 ┌─────┬─────┬─────┬─────┬─────┬─────┐
         ┌课前───│视频 │语音 │预习 │群发 │不懂 │数据 │报告
         │      │推送 │推送 │课件 │公告 │反馈 │反馈 │教师
         │      ├─────┼─────┼─────┼─────┼─────┼─────┤
雨课堂───┼课中───│扫码 │限时 │弹幕 │随机 │附图 │收发 │问卷 │数据
         │      │签到 │测试 │互动 │点名 │投稿 │红包 │投票 │反馈
         │      ├─────┼─────┼─────┼─────┼─────┼─────┤
         └课后───│习题 │表现 │错题 │课件 │数据 │课后 │报告
                │推送 │报告 │收集 │回顾 │反馈 │答疑 │教师
                 └─────┴─────┴─────┴─────┴─────┴─────┘
```

图 5-2-1　"雨课堂"功能示意图

资源推送：作为课程的一部分，教师可以教授和加强教学材料。教师可以通过手机、或电脑终端直接发送照片、视频（链接到资源）来编辑 PPT（带视频的课堂）和链接到互联网的视频、音频、动画等。同时，手机课件还可以包括单选练习题、多选练习题、投票、填空题和主观题，教师可以在任何 PPT 页面上随附语音讲解。"雨课堂"支持重大资源配置，能有效支持学生的学前和课后活动。"雨课堂"会根据收到的课前课后的预习、复习数据自动反馈给教师，老师可以根据这些反馈，把典型问题收集起来，以此作为依据调整学习计划。

发布公告：教师可以在教室里张贴文本、照片、文件、参考资料等。教师也可以通过在网站上发布文章、视频和云文件，通过电脑"群发信息"向班级发送通知。公告以"通知"的形式发布在每个学生的微通道上，让学生实时阅读老师发布的教育动态信息。

班级管理："雨课堂"有扫码签到的功能，学生通过扫描代码或输入班级的密码，进入课堂。他们第一次进入教室后，老师可以在教室里进行扫描。通过移动类动态"快速浏览教室的人数和参与互动的人数"。

组织活动："雨课堂"提供"不懂反馈""随堂限时测试""弹幕互动""随机点名""附图投稿""收发红包"等功能，教师可根据学习需要合理组织活动，及时接收学生学习知识，并在有限的课堂时间内及时审阅学生反馈，查看课上课下学生的意见反馈，同时可通过"随堂限时习题"的推送等活动及时了解学生对项目知识点的掌握情况，以达到重点教学、

133

以学为本的教学目的。在传统的师生面对面互动中，由于班级人数多，教师没有考虑到所有学生的思想感情，在"雨课堂"的支持下，学生可通过当今流行的匿名发"弹幕"活动各抒己见，弹幕在大屏上滚动，可鼓励学生多参与课堂。同时学生还可通过"附图投稿"上传作品。通过"临时点名"和"有限答疑"等活动，大学生能够关注这个问题，激发学习兴趣，提高课堂参与度，也能学会答疑。

教学评价：可以记录学生的课前预习情况，课中互动、答题情况以及课后答题讨论情况，并对这些数据进行统计分析后发送至教师端。单次课后教师可以得到课件查看率、到课率、习题总得分、互动总次数等汇总表。每门课程结束后，"雨课堂"可以根据在课堂上学生的反应和互动，选出 3 名"优秀学生"和 3 名"早期预警学生"，对学习过程进行量化和可视化，提高学生的学习积极性。它不仅为学生创造了内部和外部激励，还为学生提供了一个熟悉评估过程结果的机会。同时，"雨课堂"系统可以将每个学生的学习数据作为一个整体进行评估，所有学生在课堂上的学习数据或关于一个学生的教育数据都是学习数据，学生提供的公平、客观、合理的课程评价可以在科学合理的基础上进行量化的课程评价。

（三）"雨课堂"的应用现状

1. 关于"雨课堂"的特点和教学功能的研究

臧晶晶等人较早探讨了作为教育定位平台功能的"雨课堂"的特点，认为"雨课堂"具有轻、舒适、立体、可定制、无时间限制四大特点。"雨课堂"支持新的学习方式[1]该校清华在线教育有了一套智能化的"雨课堂"工具，教师可以从这套工具中选择适合自己学习需要的工具，实现课后和课前三个环节的有机衔接，以适合学生的兴趣，从而达到优化教学效果[2]。教育部在线教育研究中心主任用"积云化雨，滋润课堂教学；积雨成云，数据统计分析，因才施教；人人受益，辅导个性化"形容"雨课

---

[1] 。臧晶晶，郭丽文．滴水成雨——走进"雨课堂"［J］．信息与电脑（理论版），2016（08）：235-236.

[2] 王帅国．"雨课堂"：移动互联网与大数据背景下的智慧教学工具［J］．现代教育技术，2017，27（05）：26-32.

堂",充分证实了"雨课堂"对学习的重要性❶。有学者❷进一步指出"雨课堂"是一个比较统一的平台,无须设计末端的电脑,可以在末端的手机上工作,具有比较全面和简单的特点,在"雨课堂"中最重要的是数据分析为师生提供的有效指导。

2. 基于"雨课堂"的学科教学研究

就检索到的文章进行分析,可以发现,杨芳❸的团队提出了在大学里创建一个以混合英语学习为支撑的"雨课堂"的想法,并通过实验证明"雨课堂"功能对学生的系统知识有很大的促进作用,结论是"雨课堂"激发学生的学习兴趣,有助于英语教学。

娄瑞娟❹等人通过对大学英语课堂上学习"雨课堂"的实际效果的研究,证实了"雨课堂"在大学英语教学中的积极作用。

沈杰星❺根据"雨课堂"的特点,打造了高职物流英语教学模式,将"雨课堂"的功能贯穿运用于线上线下的教学活动中。他还认为教学实践中引入了太多的教育工具,这会导致学生过分看重形式,轻内容。

夏海玲❻以"雨课堂"混合英语教学为例,结合"雨课堂"的优势,阐述了"雨课堂"在教学实践中各个环节的应用。

廖云丹❼等人探寻了"雨课堂"模式下的教材,并进行了调查研究,结合"雨课堂"的教育功能,根据课程细节进行了研究,在此过程中,通过整个量化评价,取得了满意的实验结果。

---

❶ 袁驷. "雨课堂"要收雨成云 [J]. 中国教育网络 2016 (6).
❷ 张国培. 论"互联网"背景下的"雨课堂"与高校教学改革 [J]. 中国成人教育,2017 (19):94-96.
❸ 杨芳,张欢瑞,张文霞. 基于 MOOC 与"雨课堂"的混合式教学初探——以"生活英语听说"MOOC 与"雨课堂"的教学实践为例 [J]. 现代教育技术,2017,27 (05):33-39.
❹ 娄瑞娟,李芝,彭北平,杜景芬,罗凌志. "雨课堂"在大学英语课堂教学中的应用研究 [J]. 中国校外教育,2018 (21):107-108.
❺ 沈洁星. 基于 SPOC 的混合式高职英语教学探讨 [J]. 湖北函授大学学报,2017,30 (20):176-178.
❻ 夏海玲. 基于屏幕推送技术和"雨课堂"的大学英语混合式教学设计模型探究 [J]. 文化创新比较研究,2018,2 (08):71-72.
❼ 廖云丹,丁云飞. "雨课堂"模式下的教学设计探索与实践研究——以本科《建筑类专业英语》为例 [J]. 教育现代化,2018,5 (32):254-256,266.

吕原丽[1]等人基于"雨课堂"开发了学习前和学习后课程,通过鼓励学生学习英语来提高教育效率。

吴玲娟等人[2]基于"雨课堂"构建了"雨课堂"预习、混合在线学习和"雨课堂"英语设计学习模式的三个步骤,有效地提高了学生的读写能力。

袁博[3]认为物质性学习、学习性学习和个人学习难以有效实施,"雨课堂"正积极研究这一问题,因为传统课堂量化学习过程和学生行为的手段缺乏及时回应。

何舒曼[4]认为得益于科技创新,"雨课堂"在很多方面成功地补充了传统语法学习的短板,大学的英语教学也得到了更新。

郁亚芳[5]认为大学英语教师应该能够利用信息技术填补传统课堂的空白,"雨课堂"是一个不错的选择。在大学里学习英语时,老师们需要尽量了解所有主要的手机平台,敞开大门,采用新的平台,有效地工作,以达到舒适和高效的目的。

从"雨课堂"在英语教学中的应用研究关键词共现网络可视化图谱可以发现研究者共同关心的三个主要内容:教学效果、课堂教学以及混合式教学,如图 5-2-2 所示。

---

[1] 吕原丽,苏华,吴晅."雨课堂"在专业英语教学中的应用[J].教育教学论坛,2019(01):168-169.

[2] 吴玲娟,张德禄.基于"雨课堂"的通用英语设计学习模式研究——兼论多元读写能力的培养[J].现代教育技术,2019,29(03):78-84.

[3] 袁博,赵海媚,张成萍,李向明.基于"雨课堂"的研究生英语学习行为可视化分析[J].现代教育技术,2018,28(05):68-74.

[4] 何舒曼.试论新教育技术与高校教学模式的创新——以"雨课堂"在大学英语语法教学中的应用为例[J].考试与评价(大学英语教研版),2018(03):116-120.

[5] 郁亚芳.信息时代下大学英语教学改革探究[J].现代盐化工,2018,45(04):165-166.

第五章 互联网视角下大学英语混合式教学模式的应用

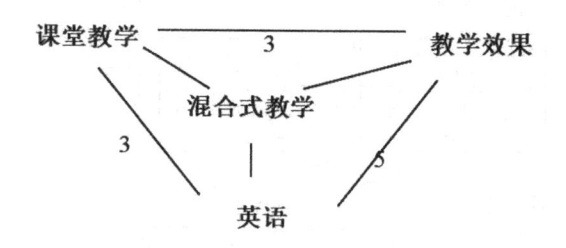

```
课堂教学 ———— 3 ———— 教学效果
         \         /
          混合式教学
       3 /    |    \ 5
            英语
```

图 5-2-2 "雨课堂"在英语教学中的应用研究关键词共现网络可视化图谱

总的来说,"雨课堂"有其自身的教育功能和特点,可以利用这些功能进行教学改革,尝试新的教育模式。

二、基于"雨课堂"的大学英语混合式教学模式的应用

(一) 基于"雨课堂"的混合式教学模式设计

贝辛认为混合式教学的过程主要是包括四个主要步骤:第一步,识别及定义学习需求;第二步,制订学习计划及测评策略,这一步要参考学习者的特征作为基本依据;第三步,按照混合式学习项目的基础是使用适当的沟通工具和教学方法;第四步,以合理有效的方式向特定学生传播有关学习内容的信息。在高校实施混合式教学,在积极有效的学习环境中进行教学,可以激发学生的学习积极性、创造性,取得更好的学习效果。由清华大学和学堂在线共同开发的基于微信公众平台的"雨课堂"正好可以满足学生的这些需求。为了让学生有机会更好地实践基于非相关课程的混合式学习过程,以下是一个学习环境模型,一个基于学习环境的混合式学习过程(图5-2-3)。

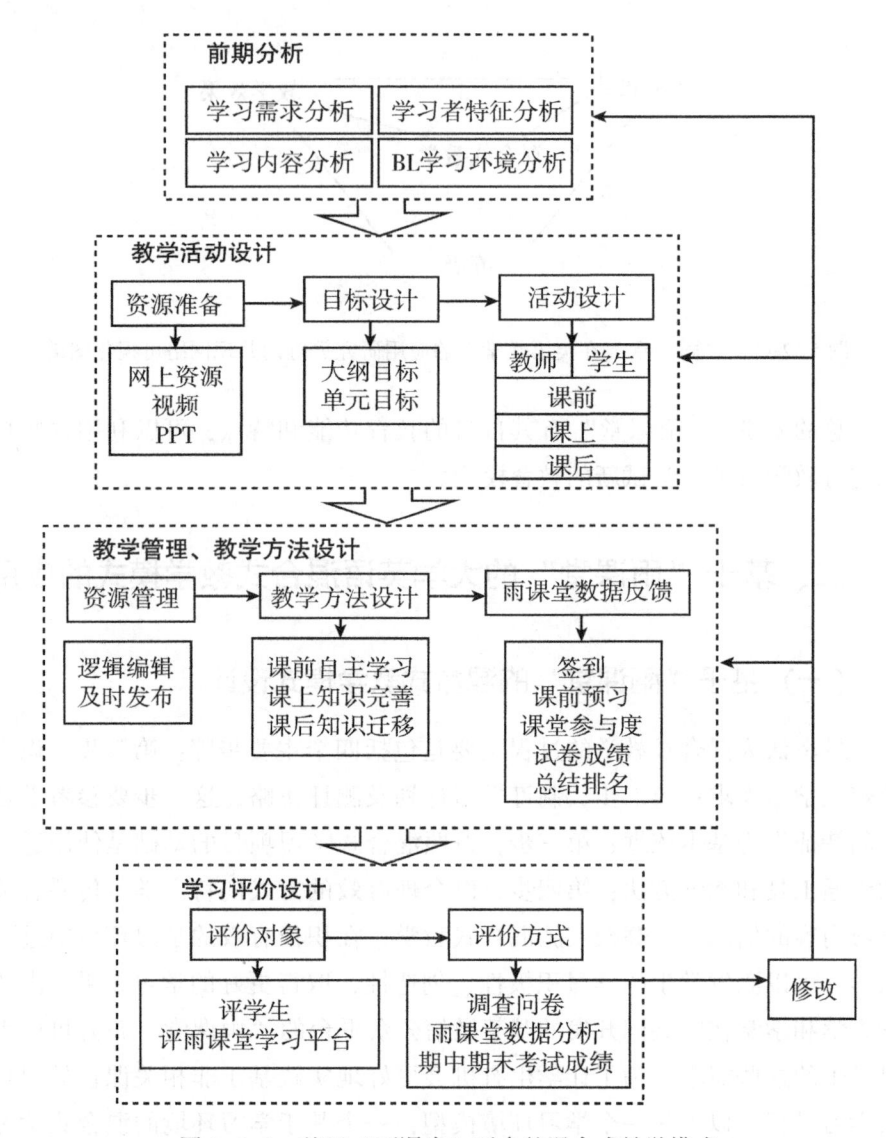

```
┌─────────────────────────────────┐
│           前期分析               │
│  ┌──────────┐  ┌──────────────┐ │
│  │学习需求分析│  │学习者特征分析│ │
│  ├──────────┤  ├──────────────┤ │
│  │学习内容分析│  │BL学习环境分析│ │
│  └──────────┘  └──────────────┘ │
└─────────────────────────────────┘
              ↓
┌─────────────────────────────────┐
│          教学活动设计             │
│  ┌────────┐→┌────────┐→┌────────┐│
│  │资源准备│ │目标设计│ │活动设计││
│  ├────────┤ ├────────┤ ├────┬───┤│
│  │网上资源│ │大纲目标│ │教师│学生││
│  │ 视频   │ │单元目标│ │ 课前  ││
│  │ PPT    │ │        │ │ 课上  ││
│  └────────┘ └────────┘ │ 课后  ││
│                        └───────┘│
└─────────────────────────────────┘
              ↓
┌─────────────────────────────────┐
│     教学管理、教学方法设计        │
│ ┌──────┐→┌──────────┐→┌────────┐│
│ │资源管理│ │教学方法设计│ │雨课堂数据反馈││
│ ├──────┤ ├──────────┤ ├────────┤│
│ │逻辑编辑│ │课前自主学习│ │ 签到   ││
│ │及时发布│ │课上知识完善│ │课前预习││
│ │      │ │课后知识迁移│ │课堂参与度││
│ │      │ │          │ │试卷成绩││
│ │      │ │          │ │总结排名││
│ └──────┘ └──────────┘ └────────┘│
└─────────────────────────────────┘
              ↓
┌─────────────────────────────────┐
│          学习评价设计             │
│  ┌────────┐  →  ┌────────┐      │
│  │评价对象│      │评价方式│      │
│  ├────────┤      ├────────┤      │
│  │ 评学生 │      │调查问卷│      │
│  │评雨课堂│      │雨课堂数据分析││
│  │学习平台│      │期中期末考试成绩││
│  └────────┘      └────────┘      │
└─────────────────────────────────┘
```

图 5-2-3　基于"雨课堂"平台的混合式教学模式

（二）前期分析

总体而言，在实施该计划之前，有必要分析其主要特征，确定其在多大程度上适合混合式教育，如何适应混合式教育。它通过合理化来提高效率。可初步分析包括学习需求、学习内容、学习条件和特点。

第五章 互联网视角下大学英语混合式教学模式的应用

1. 学习需求分析

学习主要需要识别和分析当前学生水平与期望水平之间的差异，特别是考虑到知识、技能、情感和态度等方面的差距。在知识方面主要分析当前学生主导领域的相关知识。能力侧重于确保学生具备专业理解和使用"雨课堂"平台能力，并按照教师要求完成任务。情绪和态度主要是指分析学生对基于"雨课堂"平台的混合式教学方法的接受程度，具体的分析方法包括问卷调查、访谈、评分量表等，以及分析学生的学习教育动机。

通过对学习需求的分析，确定教育目标，引导混合教育设计有序有效的实施。

2. 学习内容分析

学习的内容是指学生通过系统学习所获得的知识、技能和经验，其目的是提高个人的学习技能。学习内容分析是在前人对学习需求分析的基础上，可以明确学生所期望的知识、技能和经验的具体水平，从而确定学习内容的深度和广度。培训内容分析是对项目学习过程总体规划的初步分析，是整个培训项目最重要的要素之一。

具体课程将是一个整体的、独立的、基于具体知识的系统，通常由多个单位组成。分析教学内容的步骤一般分为：第一步，选择组织模块来确定和组织教学内容的顺序，内部逻辑应符合学生对教学内容的知识规则；第二步，制定学习单位的目标，即一般要求学生完成一个学习单元后获得的知识、技能和经验；第三步：确定学习任务。学习内容可以使用以下分析方法进行分析：图形分析、层次分析、分类分析和信息处理分析。

3. 学习环境分析

学习环境是指影响学习的外部条件，良好的学习环境不仅有助于积极发展知识，而且有助于提高技能。学习条件通常分为物理学习和技能训练。课堂设计和实物资源量，如家具、教师等，学习条件适用于联合教学模式。

设计支持学习的界面和可访问性的难易程度影响学生的接受程度，从而影响学习的有效性。学生可以在使用适当的教学资源后，及时评价结果，提出改进教育设计和平台的建议。

139

4. 学习者分析

学生分析的目的是了解学习者初始知识水平、学习风格、一般特征等。为确定教学目标、确定教学活动和制定相应的教学策略提供科学依据。我们可以通过准备适当的问卷来分析学生的学习风格。

(三) 教学活动及管理设计

1. 教学活动设计

混合式教学活动主要是基于微信公共平台的"雨课堂"与传统课堂教学有机结合的课程模式。设计学习活动的目的是通过合理的活动规划，使学习过程顺利、合理、有效。收集和开发教学资源，实现学习目标，根据需要合理编辑并按时发布，为教学活动做好准备。在初始的在线学习环境中，教师需要提供加工资源来指导学生的活动，学生利用这些资源进行自主学习。在课堂上，将网络学习与传统的面对面教学相结合，优化教学。这个基于"雨课堂"学习平台的混合教育模式结合了在线学习和传统学习的优点，在指导、教学和监督教师学习、以及学生作为主体的行为方面起着主导作用，旨在体现活动性和创造性。

这种混合教育主要分为课前、课中、课后三个阶段。在筛选过程中，老师可以在"雨课堂"平台上发布预览内容，内容可以是PPT和相关内容视频，包括一段文字、一个知识点、几个练习题或一个网站等，学生可以在问题栏中提出自己的问题或点击在PPT页面的"我不明白"按钮上标记反馈。对于查看，"雨课堂"还可以自动总结，老师可以帮助确定课堂上的重点和难点后及时进行总结，更有针对性地进行检查。上课时，学生可以先扫码报名，"雨课堂"可以自己记录；老师可以根据PPT对学生"不懂"的部分进行教学，学生可以通过发送弹幕，及时反馈所学内容；老师可以带着弹幕做一些有针对性的课堂练习，"雨课堂"可以立即总结学生的反馈和发现当前学生的知识。课后，学生可根据自己标注的"不懂"说明进行复习巩固，教师可发放相关练习，对当天所学知识进行巩固测试。具体过程如图5-2-4所示。

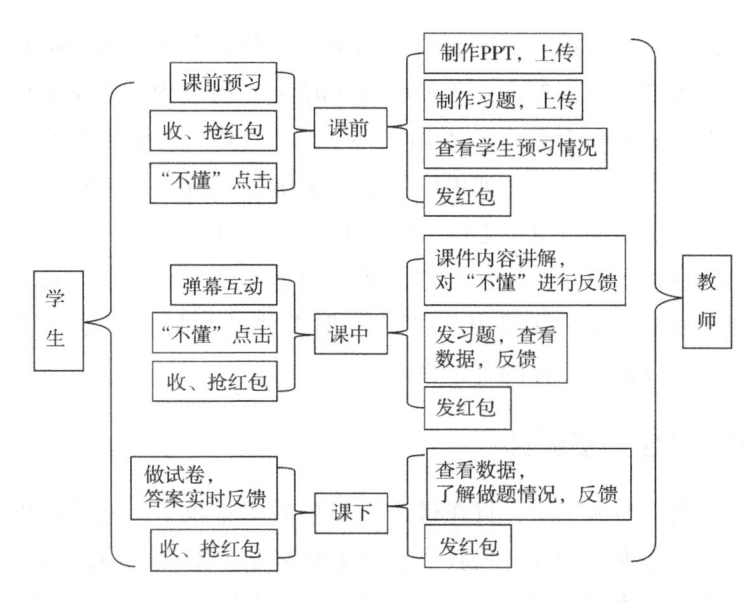

第五章 互联网视角下大学英语混合式教学模式的应用

图 5-2-4 基于"雨课堂"平台的混合式教学具体活动过程

2. 教学管理设计

由于学生人数众多，教育程度不同，情况复杂，教师要想了解每个学生的教育情况，工作量是十分繁重的。为了使教师工作更科学有效地开展，充分利用现代信息技术，对教学进程进行科学有效的管理势在必行。雨课堂平台可以实现发布任务提醒、学生组织管理、日常学习效果管理、发布成绩反馈等功能，在线上线下的互动过程中充分调动学生参与学习活动的主动性和积极性。

今天的课堂教学已经不仅仅是面对面地传授课堂知识，它可以涵盖师生的所有需求，"雨课堂"提供了满足这种需求的可能性。在"雨课堂"平台上，教师可以在线创建自己的课堂，建立虚拟教室。"雨课堂"将时间分为课前、课内、课后三部分，可实时跟踪记录学生数据。

教师可以编辑发布可视化任务，学习资源可以是课堂上使用的 PPT、试题、视频等；在课堂上，教师可以打开"雨课堂"，让学生扫描代码注册，"雨课堂"将自动保存，并有学期结束后的总结，为学生的正常表现提供依据；教师可以在课后或课堂上随时发布试题和作业题，教师可以根据自己的需要自行决定。"雨课堂"可以自动分析学生的回答，并提供具体的数据，如答题数量、每道题的正确率、分数分布等，为老师对知识点进行更详细的讲解提供参考；老师可以提前发布PPT内容供学生观看，学生可以在不懂的页面上点击"不懂"，点击"不懂"的学生人数会在课堂上自动汇总，供老师参考；如果课堂上对老师的内容有任何疑问，也可以在课堂上发一条模糊信息，老师可以及时查看反馈。

新的信息技术引入了教育管理，使学习更有效、更易于管理。上述的学习管理主要是基于"雨课堂"平台，但重要的是教师要根据课程的需要，采用最适合相关课程的管理模式。

(四) 教学方法设计

教学有法，而无定法，贵在得法。如今的课堂教学活动元素更加多元化，基于雨课堂平台的混合式教学相对更加复杂，对教学方法进行科学合理的整体设计，才有可能通过自上而下的整体优化教学，达到预期效果。

在具体课程的实施过程中，我们将逆向课堂教育的理念融入"以教师为主导，以学生为中心"的教学活动中。教学活动的开展主要分为三个阶段：课前自主学习阶段、课内知识提高阶段和课后知识转移阶段。在学前自主学习阶段，教师会根据所学知识合理组织学习内容和学习要求，如PPT、视频、试卷等，及时发布到"雨课堂"，供学生查看预习，"雨课堂"还将以数据的形式实时反馈学生的学习情况，为教师课堂教学提供参考；在课堂知识提高阶段，教师将结合大数据，在课后知识转移阶段提供参考课堂上，老师可以推出相关的测试练习或扩展内容来测试学生的学习情况，也可以通过其他方式，如微信群、论坛等作为辅助讨论工具，使学生能够自由地表达自己的观点。

教师使用雨课堂教学最大的意义在于能够得到学生学习情况的及时、实时的反馈，做到对学生学习情况的实时、透明、客观的监控，大大缩短了老师了解学生建设新认知情况的反射弧。教师可以在此信息化教学工具的辅助下进行更加有效的教学方法设计，为优化教学做好铺垫。

(五) 教学评价设计

基于微信公共平台的"雨课堂"混合教育强调以学生为中心，其评价

第五章　互联网视角下大学英语混合式教学模式的应用

内容主要包括学生所获得的知识和技能水平，以及雨课堂平台的教学辅助功能性，为混合式学习之外的最佳表现提供有效的反馈信息，开展多维度、多层次的学习评价，注重"结果"向"过程"的转化。评价主体包括教师和学生，评价主体包括学生和课堂平台。在对学生的评价中采用培训评价和总结性评价，主要强调培训评价，通过改进具体问题，帮助教师和学生有效地监督学习过程，提高学习效果。其中形成性评价主要通过报到、课堂参与、在线课堂测试、实习作业、学习态度等方式跟踪学生在线学习数据，总结性评价主要通过形成性评价的总结进行，考试成绩与期末成绩之间，以及学习态度的研究。对"雨课堂"学习平台的评价主要是基于师生的态度、互动和依赖程度（图5-2-5）。

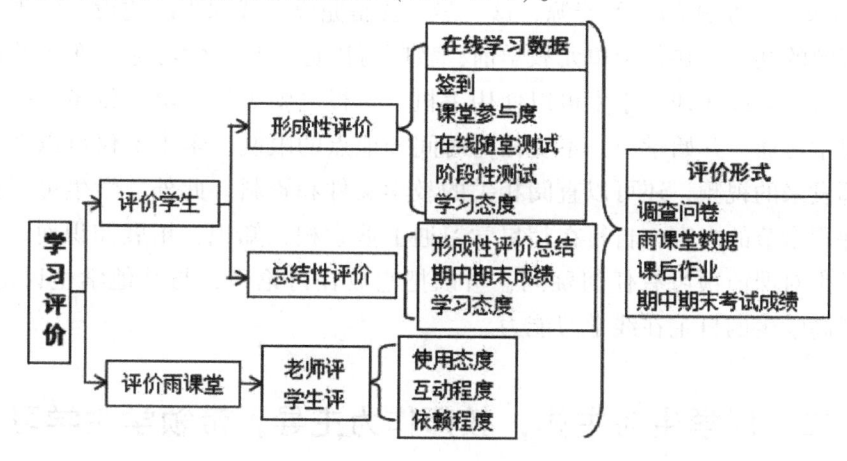

图5-2-5　基于"雨课堂"学习平台的混合式教学评价

第三节　超星学习通在大学英语混合式教学中的应用

超星学习通是超星公司开发的移动设备在线平台，如移动终端和计算机终端。该平台包括移动端、教室端、管理端"三端"教育应用程序，结合线上线下混合学习，以在线教学平台为中心，我们感知到"互联网更多教育"背景下线上线下教学的新结合。在大学英语教学中应用超星学习通，不仅可以帮助学生利用课余时间随时随地进行移动学习，而且可以帮助教师与学生互动，学生与学生互动，跟踪学生的学习过程分析他们的学习状况，以提高教师教育的质量和学生的学习效率。

一、教师在课前超星创建课程内容和框架，学生提前预热学习内容

课前，教师根据大学英语课程的教学计划安排，结合学生的实际学习情况，就大学英语具体课程设立了知识学习和考试的相关内容，在超星学习通网络教学平台上传了有针对性的视频、音频、PPT 课件、PDF 格式、Word 文档等形式的学习资源，这一步主要是完成在线课程的建设，实现在线资源的共享。在每个单元教学前，教师可以通过超星学习通发布每节课的学习任务或通知。学生可以使用手机、平板电脑等移动电子设备，打开超星学习通，开始学习，不受任何时间和地点的限制。学生不仅可以观看老师发来的视频，还可以查阅相关的教学文件和资料。此外，学生可以根据课程章节的内容，自行在超星学习通上搜索相关知识，拓展知识面。如果学生对课前预习有任何疑问，可以把它放在讨论区，与其他学生讨论，以提高学生的自主在线学习能力。

二、以学生为主体，教师作为主导，带领学生学习

在教室里，教师可以根据需要选择登录方式，要求学生在规定的时间内完成签到，这大大减少了教师传统的通话时间。同时，教师还可以根据学生签到和未签到的页面记录及时了解学生出勤情况。最重要的是，教师可以改变传统的盲目教学方式，围绕课堂教学的重点、难点和学生在讨论区提出的问题，开启逆向课堂教学的方式。这种选课形式可以帮助学生消除对随机问题不作反应的心理，使他们更加认真地上课，更加专心地学习。此外，教师还可以利用快速反应功能，鼓励学生提前准备。在课堂上积极回答问题，充分调动学生的主观能动性，积极参与课堂教学。教师还可以通过主题讨论等多种形式的活动进行互动式教学。代替枯燥的"满堂灌"课堂，学生可以充分融入课堂活动，成为课堂的主体。在课堂上，教

师只是作为引导者，主要引导学生学习，激发学生的潜能。

三、课后根据所学内容汇总学习情况，评价学习效果

　　超星学习统计有两大类：课程统计和班级统计。在课程统计方面，超星学习对大学英语课程的成绩做了分析报告，将各班的综合情况汇总成表格，系统总结了最高分、最低分、平均分、认可率、优良率等以此类推，并做了性能对比图。在班级统计方面，分类总结了每个班级的任务点、学习访问、章节测试、课堂活动、课程点、作业统计和考试统计，使教师能够及时了解学生的学习动态和学习情况，并以此为方向反思自己的教学，从而及时提高教学质量。改进教学方法，提高教育质量。学生可以通过单元测试等超星学习功能对自己的学习进行反思，并利用网上的超星学习资源进行修改和巩固。

第六章 营口理工学院大学英语混合式教学模式实践案例

营口理工学院大学英语教学大纲中明确指出，无论是在教学法的运用还是考核阶段，都运用混合式教学模式，同时注重思政元素的自然融入，充分利用学习通等平台辅助混合式教学，旨在提高大学英语的教学质量。

第一节 大学英语轻量级混合式教学模式研究

大学英语教学理念经历了从以教师为中心到以学生为中心的转变，教学模式经历了从传统教学模式到混合式教学模式的转变，无论教学理念，教学模式怎么变，教学的最终目的没有变，都是"促进学生的学习"，在这一宗旨之下，只要是符合学生学习规律，能促进学生学习的教学模式都是良好的教学模式。通过分析笔者所在学校的实际教学环境，在教学过程中实施轻量级混合式教学模式，并对实施情况进行反思总结，旨在提高大学英语教学质量，探索可持续发展的大学英语动态教学模式。

一、轻量级混合式教学模式的提出

由于本校各专业培养计划的重新调整，大学英语的学时被缩减，但是无论是社会需求还是人才培养中对于学生的大学英语综合素质的要求并没有降低，因此大学英语教学的质量不能因为学时的缩减而缩水，那如何保证学生在学时缩减的情况下，还能保持英语能力的提升不打折扣，这是笔者思考的问题。

金课、翻转课堂、混合式教学这些教学理念在近年间不断涌入到教学一线教师的视野当中,笔者也一直在思考如何把本校大学英语教学的混合式教学搞好,使我们翻转课堂更有成效。本校学生的情况是,理工科偏多,英语基础相对薄弱,学习英语的热情也不是很高,这就要求教师不但要传授语言知识,还需要千方百计调动学生学习的积极性,如果翻转课堂的翻转比例控制不好,不但无法调动学生的积极性,还会事与愿违,导致学生的负担过重,失去学习的动力和兴趣。在一次关于混合式教学培训中,聆听了北京理工大学嵩天教授的讲座,他提出了"轻量级混合式教学"这一理念,正好解决了笔者的疑感。轻量级,顾名思义,就是为了保证翻转效果,不给学生过多增加负担,把翻转课堂的比例控制好,这就需要教师在授课过程中因地因时制宜,根据授课内容和学生的反应时时动态调整翻转的内容和比例。

二、轻量级混合式教学模式的理论基础

(一) 布鲁姆的学习分类法

布鲁姆把学习划分为6个层次,即记忆、理解、应用、分析、评价、创造。在翻转课堂的设计中,记忆和理解作为认知领域的最低层次可以在课前通过微课,网课等形式进行,课堂上学生专注于应用,分析,评价和创造等更高形式的认知。在轻量级混合式教学中,教师根据授课内容,把一部分知识用微课或者网课的形式下发给学生,让学生在课前完成理解和记忆层次的学习,然后在课堂上教师进行辅导答疑,让学生的知识从记忆、理解发展到应用、分析、评价和创造。在这个过程中,需要教师起到脚手架的作用,为学生搭建学习平台,创造学习环境,让学生顺利完成六个层次的学习(图6-1-1)。

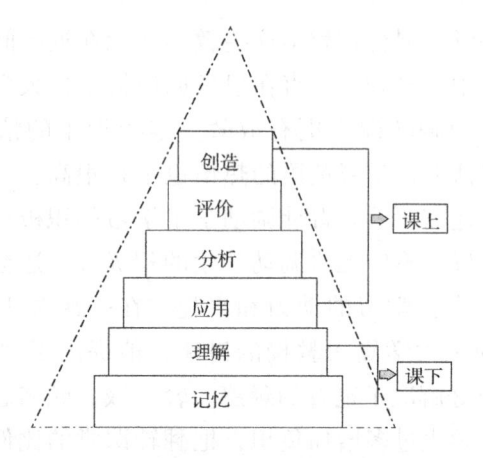

```
         创造
        评价          课上
       分析
      应用
     理解            课下
    记忆
```

图 6-1-1 布鲁姆分类法在翻转课堂中的应用

（二）维果斯基的最近发展区理论

维果斯基的"最近发展区理论"指出个人的智能似乎起源于与成人或更有能力的同伴的社会互动。学校教学是社会互动的一种特殊的享有特权的形式。学校教学创造了一些超越正常的社会互动的东西，正规教学对于提升儿童的系统科学思维水平是必要的。维果斯基对于儿童学习心理的阐述，适用于任何形式的学习。在轻量级混合式教学中，教师需要掌握学生的实际学习水平，并判断出学生的最近发展区，并围绕最近发展区来进行教学设计，随着学生一个个新的最近发展区的出现，他们的学习成果就越来越多。

在传统课堂教学中，由于课堂教学的时间局限性，很难做到输入内容的区别化，课上只能照顾到大部分同学，而在翻转课堂中，教师考虑不同学生的水平，判断他们不同的最近发展区，从而设计不同的教学内容，学生在课前的自主学习中也可以根据自己的情况选用不同难度的材料，或者同样的学习材料学生可以自己掌控学习的时间和速度，这是传统课堂没办法实现的。在课上答疑分享环节，学生们也可以提出自己的问题，教师会有针对性地解决学生的问题。这样的一个闭环式的学习，真正以学生为中心，让学生从输入到输出，完成了布鲁姆学习分类的整个过程，能极大改进学习效果。

（三）翻转课堂的本质

翻转课堂的本质是回归教育活动的逻辑起点——学生的学习。教师的教只有在真正促进学生学习的情况下，才有存在的意义。因此翻转课堂如何使用，一定要因地因时制宜，最终目的都是促进学生的学习。

（四）大学英语生态课堂

大学英语课堂具有生态系统的基本属性，其基本结构可以简化为"人+课堂生态环境"。"人"包括构成课堂生态主体的教师和学生，"课堂生态环境"包括课前生成的环境（教室的物理环境、师生背景、教学媒介等）、课中生成的环境（师生关系、学生关系、师生情感态度等）和课后生成的环境（班风学风、课堂规章制度等），课堂生态主体和课堂生态环境之间相互作用、相互影响，共同决定着课堂生态系统的运行状态。在生态课堂中，每个要素都至关重要，轻量级混合式教学充分考虑生态课堂中的每一个环境主体，注重学生水平的评估，注重师生、生生互动，并利用网络，多媒体等手段改善教学效果，旨在创造一个运行良好的生态课堂，促进学生的学习。

三、轻量级混合式教学实践

（一）本研究主要采用行动研究法和调查法

在实际教学过程中践行轻量级混合式教学模式，如图 6-1-2 所示，也是两学时的课堂教学设计。

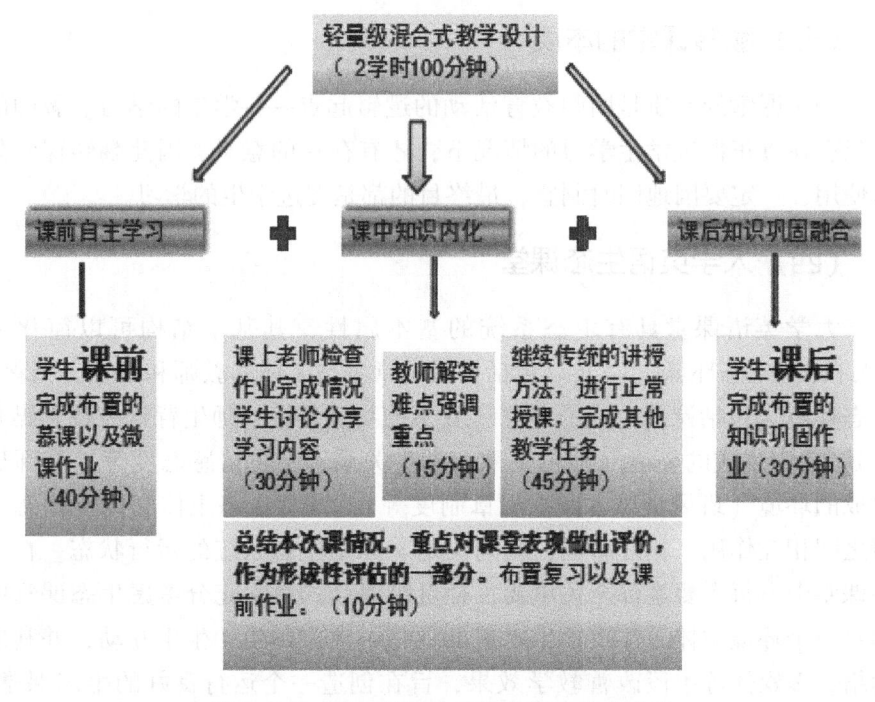

图 6-1-2　轻量级混合式教学课堂教学设计

在教学过程中践行轻量级混合式教学模式，并时时观察学生的反应和学习效果，适时调整教学方式方法。

调查法主要是访谈和问卷调查，在教学过程中根据访谈形式对教学效果进行监控，并不断修正教学方式方法。课程结束之后，会针对这种教学模式对学生进行问卷调查，对调查结果进行分析。

（二）研究过程

本校 2019 级新生继续实施大学英语分级教学，课程组选取了 13 个 A 班作为课改对象。以我部门大学英语教学大纲为基础，制定新的教学大纲，课件，筹备新的教学资源。考虑到学生听说基础普遍薄弱的情况，选用的网课资源是酷学辽宁平台的沈阳师范大学张宜老师的《实用大学英语口语》这门课程，新学期开学前根据课程情况为学生制订学习计划，督促学生按要求完成，并在课上进行小组分享，巩固答疑等互动活动。增加的微课资源来源于网络中与所讲授内容相关的优秀微课以及教师根据学习内容自己制作的微课。

在学期末对学生进行了问卷调查,调查结果如下。

第1题　轻量级混合式教学,即翻转课堂只根据情况进行部分翻转,保留一部分传统的授课模式,这样不会过多增加学生学习负担,你认为这种模式如何?(单选题)

选项	小计	比例
喜欢	386	94.15%
不喜欢	24	5.85%
本题有效填写人次	410	

第2题　2020—2021年的大学英课堂我们都充分利用了微课,酷学辽宁,学习通等网络平台,丰富学习资源,提高授课效果,你觉得怎么样?(单选题)

选项	小计	比例
满意	371	90.49%
不满意	39	9.51%
本题有效填写人次	410	

第3题　课前观看微课视频或者网络进行自主学习,课上进行分享,教师点评,你喜欢这种方式吗?(单选题)

选项	小计	比例
喜欢	351	85.61%
不喜欢	59	14.39%
本题有效填写人次	410	

第4题　　在学生课堂分享这个环节，你觉得收获最大的是什么？（多选题）

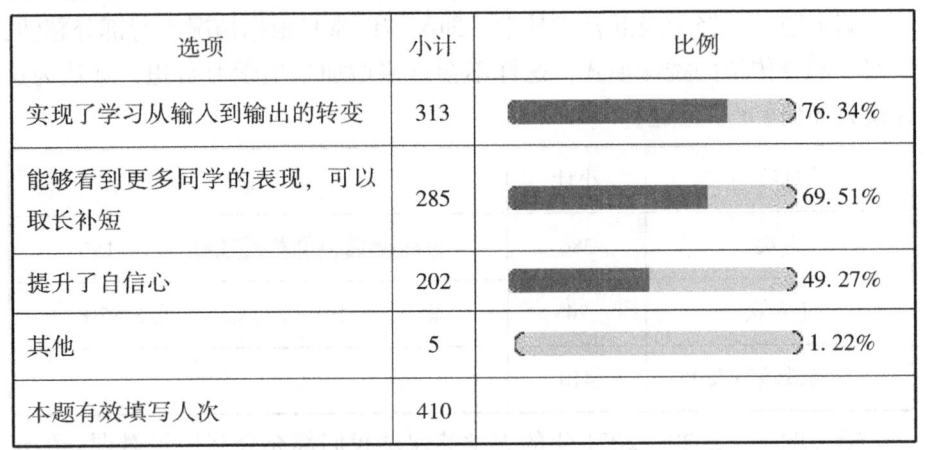

选项	小计	比例
实现了学习从输入到输出的转变	313	76.34%
能够看到更多同学的表现，可以取长补短	285	69.51%
提升了自信心	202	49.27%
其他	5	1.22%
本题有效填写人次	410	

第5题　　对于课前的学习资源你喜欢以下哪种形式？（多选题）

选项	小计	比例
教师根据所学内容制作的微课视频	270	65.85%
资源丰富的网络课程	177	43.17%
网络上的精品微课，微视频等	113	27.56%
课本以及相关纸质版书籍	146	35.61%
本题有效填写人次	410	

第6题　在传统课堂教学环节，你更喜欢教师负责哪一部分？（多选题）

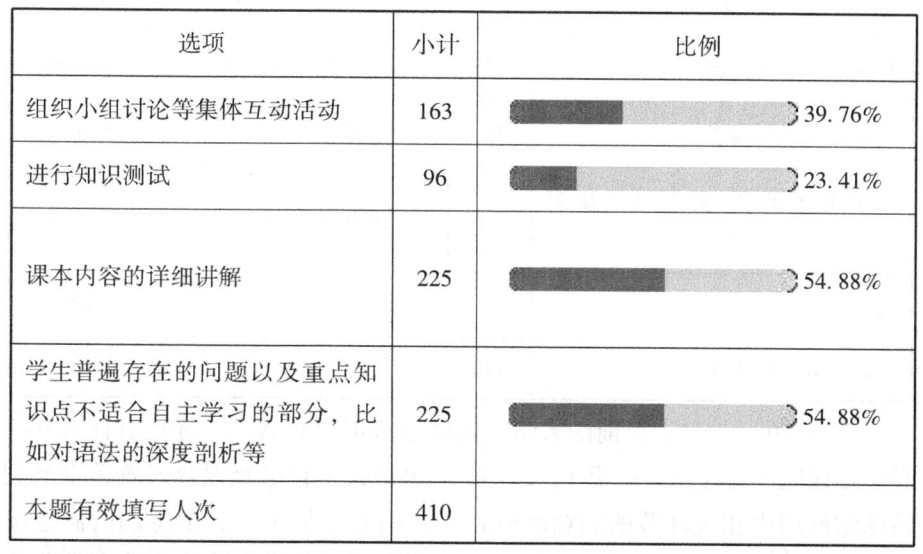

选项	小计	比例
组织小组讨论等集体互动活动	163	39.76%
进行知识测试	96	23.41%
课本内容的详细讲解	225	54.88%
学生普遍存在的问题以及重点知识点不适合自主学习的部分，比如对语法的深度剖析等	225	54.88%
本题有效填写人次	410	

第7题　你对于2019-2020上学期的大学英语Ⅰ授课过程中使用的轻量级翻转课堂模式，是否满意？（单选题）

选项	小计	比例
满意	397	96.83%
不满意	13	3.17%
本题有效填写人次	410	

第8题　传统式教学模式和混合式教学模式，你更喜欢哪一种？（单选题）

选项	小计	比例
传统教学模式	132	32.2%
混合式教学模式	278	67.8%
本题有效填写人次	410	

第9题　在混合式教学模式下,你最大的收获是什么?(多选题)

选项	小计	比例
自我学习能力更强	273	66.59%
对学习有了规划意识	268	65.37%
除了学到知识,还学到了很多方法	226	55.12%
其他	5	1.22%
本题有效填写人次	410	

第10题　对于目前的大学英语轻量级混合式教学,你还有什么好的意见建议吗?(填空题)第1、2、3、7题是关于轻量级混合式教学以及翻转课堂使用中相关环节的满意度调查,从调查结果来看,学生们的满意度很高,集中在85.61%~96.83%之间,证明对于这种教学模式学生是普遍认可的,因此可以在以后的教学中继续实践并完善;从第4题的结果来看,在翻转课堂中学生分享环节,学生的收获颇丰,可以实现学习从输入到输出的转变,能够取长补单,同时学生还可以提升自信心,因此这种方法可以继续使用,同时努力挖掘更多的课上分享的创新方式;第5题对于课前教学资源的设计,学生更喜欢贴近教学内容的教师自制的微课视频,因此在以后的教学中,教师应该根据学生的学习情况以及学习内容,自制更多的教学资源,再配合其他优秀的教学资源,这样教学效果会更好;在轻量级混合式教学中,会保留一部分传统的教学内容,对于这部分内容应该如何设计,在第6题当中,对于选项中提到的四个方面学生都是认可的,但是更偏向课本内容的详解以及重点知识的剖析,可见本校学生的英语基础相对薄弱,需要教师在基础知识方面更多地指导,这就需要教师在以后教学中有所侧重;从第8题中可以看出,对比单纯的传统教学模式,学生们还是更喜欢混合式教学模式,可见我们对于教学模式的选择是正确的;从第9题可以看出,学生在轻量级混合式教学模式下,收获很大:自学能力更强,对学习有了规划意识,掌握了学习方法,这些收获都不是单纯的传统课堂能够实现的。

第六章　营口理工学院大学英语混合式教学模式实践案例

第 10 题为主观题目，410 位同学进行了作答，课题组对学生的答案进行了筛选，并整理分析，把比较集中的建议整理如表 6-1-1 所示。

表 6-1-1　问卷主观题整理反思

授课环节	学生意见建议	教师反思
课前	增加微课内容的趣味性；丰富课程资源。	1. 从学生对于教学资源的要求可以看出，他们有学习的欲望和动力，因此教师应该根据学生的兴趣，在制作视频和选取视频的过程中，要知识性和趣味性相结合，才能最大限度地调动学生的兴趣和积极性； 2. 丰富课程资源，既要保证海量的资源，还要认真过滤学习资源的质量，保证趣味实用。
课中	注重对学生的考查；增加师生互动；创新授课方式方法；更多强调重难点；保证更有质量的互动；加大课上英语交流比重。	1. 从学生建议的分布来看，他们最看重的环节还是课堂，因此教师应该提高课堂的利用率，增强师生、生生互动，让自己的课堂活起来； 2. 创新课堂互动方式，可以借助学习通平台的互动活动，或者分组竞争等手段提高互动的效率和频率，同时提高互动质量； 3. 加大课堂考核力度，这既是对学生的督促，也是教师检验学生的手段； 4. 课上可以多用英语和学生交流，根据学生实际水平，设计交流内容。
课后	加强对学生的考查。	没有好的考查手段，再好的教学都是昙花一现，因此一定要建立完善的考评体系，良好的考评体系是保证教学效果必不可少的。

(续表)

授课环节	学生意见建议	教师反思
其他	希望建立本校的混合式教学辅助平台；自主学习需要学生很强的自律性，希望能够增加测试；传统式教学模式和翻转课堂合理分配，采用适当的方法；注重学习方法的传授。	1. 建议学校可以尝试建立本校的网络学习平台； 2. 培养学生的自律性，形成完善的督促测试制度； 3. 不断动态调整轻量级混合式教学比例以及授课方式方法。

（三）研究成果

1. 构建了轻量级大学英语混合式教学模式

大学英语的教学模式一直是一线大学英语教师研究的课题，研究的核心内容是课堂教学模式。传统的课堂教学模式的安排是：教师提出问题—学生解答问题—教师评价总结，这是典型的以教师为中心的教学模式，教学手段单一，方法陈旧，缺乏活力，在教学过程中基本是有教无类，做不到因材施教，也体现不了差异化教学，师生之间和学生与学生之间都缺乏互动，不利于充分调动学生积极性和思维能力的培养。翻转课堂的教学安排是：教师课前布置学习内容（视频，微课或者网络课程等形式）—课上学生分享，互动—教师答疑，课上基本不讲授新的知识点。

以上两种是传统课堂和翻转课堂的基本流程，本校目前的实际情况是：大学英语学时削减，课上时间已经不能安全满足提高学生英语综合能力的需求，但是由于学生课程的安排很满，完全的翻转课堂会让学生苦不堪言，无力承担，不适合本校目前的教学情况，因此构建轻量级大学英语混合式教学模式，保留传统课堂中部分的讲授环节，既能够减轻学生的学习压力，同时也便于学生更好地掌握学习中的重点难点。

2. 开发了学习通平台的强大教学辅助功能

学习通的强大后台，为我们的混合式教学提供了有力支撑。课前，课中课后各个环节都可以运用学习通的不同功能来辅助教学。

（1）学习通可以作为强大的资源储备库，视频资料，学习电子资料，课堂的背景知识补充，学生的自主测试题目等等都可以放在学习通的资源区，为学生提供了海量的量身定做的学习资源，为学生的自主学习提供了强有力的保障。

（2）学习通不仅可以用来设计活跃课堂的活动，还有强大的测试系统，既能够调动学生的积极性，活跃课堂氛围，同时随堂或者是课后的小测试能够让学生及时了解自己对知识的掌握情况，也可以看到自己的学习目前在班里处于什么位置，时刻了解自己的学习情况对学生的学习是一个积极的促进因素。教师也可以通过学生的测试，评估学生的学习情况，发现学生的问题，有的放矢地进行辅导答疑。

（3）学习通的作业功能，督促学生即时完成作业，教师可以随时对学生的作业进行评阅，学生能够及时得到老师的反馈，及时反馈功能让学生的学习更有动力，更有成就感，学习效果也更好。

3. 提出了轻量级混合式教学模式的学生学习评价体系

目前本校大学英语对于学生的评价体系结合了形成性评价和终结性评价，考核形式多样化，充分考查了学生听说读写译各方面英语能力，在这种评价体系的基础上，笔者在轻量级混合式教学模式的实践过程中，根据教学内容和教学方法的调整，也对评价体系进行了相应的调整。

大学英语目前的考核标准是终结性评价占60%，形成性评价占40%，笔者丰富了形成性评估的评价内容如表6-1-2所示。

表6-1-2 轻量级混合式教学模式的学生学习评价体系

考核项目	课堂表现 10%	平时考核 30%	课上展示 分享20%	网络课程 10%	测试&作业（学习通）30%
考核指标1	学习态度	词汇水平	个人英语综合能力	课程完成情况	完成质量
考核指标2	合作精神	翻译能力	团队协作成果	登陆学习平台次数	测试结果
考核指标3	批判性思维	口语表达	是否有掉队同学	作业完成质量	进步程度

此评价体系考量到了生态教学系统中的各个环节，包括学生之间互动，师生互动等，同时把布鲁姆分类法中的六个层次的学习也考虑在内，这样的评价体系能够更好地促进学生的学习。同时这一评价体系会在实践过程中根据学生学习和教学情况进行调整，是个动态的评价体系。

4. 促进学生整体素质的提升

在教学过程中，教师根据不同的学习主题，会布置不同的头脑风暴内容，同时引导学生进行思考，并用英语表达自己的观点，在这一过程中，学生有信息输入的过程，有自己内省思考的过程，最后还有语言输出的过程，整个过程自然流畅，教师在教学过程中潜移默化地把正确的价值观以及正能量传递给学生，同时培养了学生的批判性思维。

（1）学生主动探究学习的意识增强

教师为学生提供了海量的学习资源，同时布置了量身定做的课前任务，让学生有去探究的欲望，在完成任务的过程中，就是探究学习的过程，学生的自主学习能力得到了提升。

（2）提高学生英语学习的兴趣

教师在授课过程中，适时培养学生的跨文化意识，分享一些文化知识，让学生意识到学习一门语言，不仅是在学知识，同时也是为自己体验更丰富多彩的文化奠定了语言基础，而且英语作为一门国际化语言，有助于学生更好地了解本专业前沿的知识。

（3）培养学生的正确人生观以及批判性思维

思维的培养往往比简单的知识传授更加重要。在授课过程中，教师经常会抛出一些话题让学生去思考，比如在学习"英雄"这个主题的时候，教师就抛出了这样的问题"你认为什么样的人是英雄？一定要做出惊天动地的事情吗？"学生就开始思考，在这个思考过程中，就有无数的英雄的形象涌入学生的脑海中，对他们就是一个精神上的洗礼，在思考到底平凡的人可不可以成为英雄的时候，就调动了他们的批判性思维。

在以上过程中，看似只是英语教师在让学生们准备一个口语表达，其实调动了学生的各种思维活动，最后才输出一段英语表达，这一过程才是真正意义的教书育人。

5. 提升了教师的科研教学能力

实践出真知，在教学过程中践行轻量级混合式教学模式，把自己的教学理念和方法创新地用于实践教学这个过程，本身是教师科学研究的摸索过程，在这个过程中，不断修改完善自己的教学方式方法，不但提升了自己的教学能力，同时科研能力也得到了提升。

（四）结语

1. 研究结论

根据授课实践，教师座谈，以及对学生的问卷调查分析得到结论如下。

（1）轻量级混合式教学模式是动态的有生命力的教学模式，适合本校的大学英语教学，能够最大限度地提高学生的学习效率，提升学生的英语综合素养。

（2）在大学英语教学过程中潜移默化地融入思政元素，有助于培养学生正确人生观，价值观，真正践行教书育人。

（3）轻量级混合式教学模式有利于教师转变教育观念，实现教师角色转变，提升教学科研能力。

2. 研究体会

（1）教研相长

一年来，笔者在课堂改革过程中坚持把教学模式探索与教学实践有机结合起来。教学模式的探索需要教师了解教学理论，更新教学观念，为课堂改革奠定了理论基础；而课堂实践中涌现出的问题引发教师思考，成为理论研究新的方向，同时理论研究的成果需经过教学实践的检验，并在教学实践中实现其价值。

（2）创新至关重要

要改变传统的教学方法和模式，创新很重要。有了创新的思维，才能去吸收先进的教学理论，不摒弃陈旧的教学观念，就不能突破传统教学模式的束缚，就无法实现改革，所有观念的改变创新是前提。掌握了先进的教学理论，还需要付诸实践，此时就需要创新方法，比如笔者采用轻量级混合式教学模式，使用头脑风暴，随机测试，课上多种方式分享展示等都是创新方法的体现。

3. 研究中的问题及今后的研究设想

笔者在教学实践过程中以及学生问卷中发现，学生对于优质学习资源的要求很高，他们希望自己随时都可以找到自己所需的资源，目前的学习资源不够丰富，无法满足所有同学的要求，亟待丰富；在课堂互动环节，还需要提高辅导答疑的效率，教师应该学会分类整理总结学生问题，做到针对重点问题高效率答疑。在以后的教学实践及研究中，应该不断调整轻量级教学模式的方式方法，不断创新教学手段。今后研究和实践的重点是，继续践行轻量级混合式教学模式，并不断完善，做到与时俱进。

第二节　混合式教学模式下大学英语课程评估模式研究

《大学英语教学指南》指出，评价与测试是检验教学质量、推动大学英语课程建设与发展的重要手段。大学英语课程应依据本指南所确定的教学目标和教学要求，建立科学的评价与测试体系，系统地采集有关课程设计、教学实施、教学效果以及大学生英语能力等相关信息，通过多维度的综合分析，判断大学英语课程和大学生英语能力是否达到了规定的目标，并为大学英语课程的实施与管理提供有效的反馈，推动大学英语课程不断改革和发展，实现提高大学英语教学质量和大学生英语应用能力的总体目标。根据以上相关要求以及混合式教学的特点，创新我校大学英语课程评估模式。

一、创新形成性评估模式

营口理工大学大学英语采取的评估模式是形成性评估和终结性评估相结合的评估模式，前三个学期分别占学生最后成绩的40%和60%，第四个学期分别占学生最后成绩的60%和40%。形成性评估的特点是手段灵活多样化，评估对象也可以多样化，同时既可以自评也可以互评，利用学习通平台设置任务点、签到、发布测试、布置作业等方式辅助形成性评估。

（一）教师对学生的形成性评估

以营口理工大学的大学英语课程为例，为了更好地鼓励学生上课积极性，刺激平时学习动力，创新了学生的形成性评估手段。平时成绩按照百分记录，评估手段多样，目的明确。三次提交给教务处的考核分别是单词听写，考察学生平时单词背诵以及掌握情况；新闻抄写以及翻译，考察学生翻译技巧的运用以及翻译能力；朗读音频，考察学生说的能力，这也是学习输出非常重要的一部分。平时的考核形式多样，单词听写，段落背诵，四级词汇听写，作文以及长篇阅读等，考核手段都有明确考核目标。教师平时的上课就是一个输入的过程，学生掌握情况要看输出结果，运用这些考核手段，考察了学生的听说读写各方面的能力。除了学业知识方面的考核，考核模式同时重视学生的学习态度和参与度，对出勤和课堂变现也给了一定的考核。

对于学生大学英语课程形成性评估的考核，到目前我校已经实行了四年，学生和教师反映效果良好。一方面，学生能够全方位、多渠道地投入到大学英语的学习中，各方面能力都得到了锻炼和提高；另一方面，教师可以更全面地了解学生的英语综合应用情况。

（二）学生对自己的形成性评估

通过教师对学生的各种考察结果反馈，学生可以对自己某一时期的学习情况进行自我评估，在自我评估的基础上做出相应的学习调整。以调查班级为例，在形成性评估的过程中，有一位同学在刚入学的时候对于自己英语能力没有一个整体的把握，在第一学习的形成性评估过程中，他横向对比了自己的成绩，同时纵向对比了其他同学的成绩，很快发现，自己的单词基础很扎实，阅读能力位于班级前列，但是写作能力稍差，有了自我评估之后，他就调整了自己的学习重心，通过第二个学期的努力，薄弱的写作能力有了很大的进步。

同时，一个学期之后，笔者对班级同学进行了访谈，他们都表示自我的形成性评估让他们受益匪浅。因此，教师有必要在评估学生的同时，要转变学生对评估的认知，引导学生对自己进行形成性评估。

（三）学生对教师的形成性评估

教学相长在评估的过程中同样适用。以一个学期的教学为例，我外语部会在期中教学检查周的时候，召开整个年级的学生座谈会，让学生对大学英语的学习提出建议和意见。

以我校刚刚过去的期中教学检查周为例，我外语部召开了两个年级的学生座谈会，座谈会中，学生们畅所欲言，为我们提出了很多宝贵意见。为我们以后的教学提供了努力的方向。比如，分级教学学生反应良好；模块化课程新颖，但是学生觉得学时过少；听力课程的学时过少。有了学生的评估和反馈，能更好地促进我院的大学英语教学。

二、总结性评估模式多元化

（一）教师对学生的评估

《大学英语教学指南》指出，大学英语课程评价的目标是构建大学英语课程"校本评价与其他多样化评价相结合"的综合评价体系，即依据本指南所确定的教学目标和教学要求，对课程体系的各个环节开展全面、客观、公正的评价，及时、有效地为课程和教学提供反馈信息，推动课程的建设与发展。我校的大学英语终结性评估主要采取期末闭卷考试的模式，既考察学生对于校本课程的掌握情况，又考察学生的综合英语水平。这样的评估模式，一方面，学生需要重视校本课程的学习；另一方面，平时还需要注重英语综合水平的提高。因此，这种终结性评估模式也促进学生英语综合能力的提高。

（二）学生以及学校对教师的评估

每年学期末，我校教发中心都会组织学生对任课教师进行评估，同时会有督导组对教师进行听课，也会有一个评估，最后会对全校教师进行排名。这样就使我外语部对于我部门教师在全校教师整体授课中的位置有个了解，便于我部门更好地调整以后的教学以及教师培养计划。

三、大学英语后续课程的评估模式

我校是一所应用型本科高校，应《大学英语教学指南》的要求，我们因校制宜，在第四个学期为不同的系量身定做了模块课。目前开设的模块课有商务英语，科技英语以及口语强化班。模块课程是大学英语教学向专业英语教学的过渡，通过模块课程的学习，能够让学生在三个学期的公共英语教学完成后，继续提高专业英语的理解能力和写作能力。该课程有别于四、六级应试英语学习。

（一）商务英语的评估模式

本课程是我校经济管理学院各专业公共必修课，内容包括基础商务英语理解和基本的商务英语写作技巧。通过本课程的学习使学生能够大体上了解商务英语文章的写作技巧，并掌握相关专业术语表达，扩大词汇量，最终能够理解并书写基础的英语商务信函。

商务英语的考核形成性评估和终结性评估分别占60%和40%。平时考核模式多样化，都是顺应教学目标而设定的。包括设计简历，模拟面试采访，书写商务信函等，都可以利用"学习通"辅助评估。最后的考试是要求学生书写求职信函。本课程的考核全面立体地覆盖了所有教学内容，能够很好地评估学生对所学内容的掌握情况。

（二）科技英语的评估模式

目前本课程主要面向除经济管理学院外的其他学院各专业。内容包括基础科技英语阅读和基本的科技英语翻译技巧。通过本课程的学习使学生能够大体上了解科技类英语文章的表达特点和科技英语阅读技巧，并掌握科技术语同事扩大词汇量，同时能够对一般的科学现象进行简单的描述和论述。

基于科技英语的教学目标以及课程特点，其评估模式多样化，包括科技英语词汇考核，科技知识段落翻译以及学生自主设计的微课短视频。形成性评估和终结性评估分别占60%和40%。这种评估模式充分考察课程内容，完全针对教学目标，同时能够调动学生的参与兴趣，为良好的教学效果提供了保障。

（三）结语

完善的大学英语评估模式对于建立动态大学英语教学体系至关重要，本校目前采取的形成性评估与终结性评估相结合的评估模式有助于调动学生课堂以及课后自主学习的积极性,同时对所学内容也进行了考察,能够反映教师授课效果,是一种比较合理的评估模式,借助学习通平台辅助评估,让评估更加多样化,合理化。

第三节　大学英语课程思政实践

一、课程性质、作用及教学目的

为适应我校向应用型高校转型发展的新形势,进一步深化大学英语教学改革,同时提高教学质量,满足新时期国家和社会对人才培养的需要,参照《大学英语教学指南》(教育部 2017 最新版),结合我校实际情况,遵循"以学生为中心"的教学理念,贯彻"因材施教"的教学原则,科学地组织教学,进一步提高我校大学英语教学质量和学生英语水平,我校自 2016 级学生起开始实施大学英语模块化教学。模块化教学是大学英语通识教育向专业英语教学的过渡,通过 ESP(English for Specific purposes)的学习,能够让学生在三个学期的公共英语教学完成后,对专业英语有一个清楚的认知,为以后本专业的深造以及工作打下良好的语言基础,同时也同我校培养应用型人才的目标相契合。目前我校四个学期的大学英语都在加强"课程思政"建设。

二、大学英语课程思政建设的优势

(1) 语言是文化的载体,是人类历史进步的重要基础,通过对语言的学习,可以更有效地发挥课程的德育功能,帮助学生树立正确的人生观,世界观和价值观。

(2) 用英语这门语言传递知识以及渗透主流文化,本身就是一种浸入式教学,学生们在学习相关语言词汇及表达方式的同时就加深了对思想政治理念的理解与认知。

(3) 大学英语和思政类课程同属文科类别,有更多的相通性,更方便教学。

（4）大学英语课程从学生刚刚入校开始，持续两年的时间。大学英语Ⅰ，大学英语Ⅱ，大学英语Ⅲ是2018年度的课程思政课题，本次申报的大学英语Ⅳ是之前课程思政课题的一个延续，这种延续更有助于学生正确思想政治理念的形成。

（5）大学英语课程建设可以结合第二课堂开展丰富多样的课外实践活动，一举多得。

（6）大学英语作为一门语言类课程，有着得天独厚的思政基因，可以轻松避免思政元素同知识的"强硬机械"结合，做到自然融合，真正是润物细无声。

（7）全国多所高校已经陆续开展了大学英语课程的课程思政建设，对我校有很好的借鉴作用。

三、课程思政建设的实施

（一）课程建设规划

课程建设初期，邀请思政部教师同课题组成员座谈，深入探讨如何更加有效地将思政元素巧妙地融合到大学英语授课当中去；同时修改教学大纲，制作课程思政课件，筹备素材；并在授课过程中实施课程思政教学，在教学过程中，根据学生的反馈不断改进授课方式方法。

（二）思政理念

（1）注重平衡教学过程中显性教育和隐性渗透，除了在教学内容上通过语言知识点的举例以及创新解答外，积极运用社会大环境，结合学生的心理特点，借助发达的网络技术，在课上课下等多维度，多角度地对学生进行正确价值观的思想渗透以及正能量的传递。

（2）注重从爱校、爱乡、爱国到爱人类的情怀层面增强学生的文化自豪感和历史责任感，积累文化素养，沉淀文化底蕴。

（3）注重启发式教育，摆事实、讲道理，举一反三，积极疏导、启发，引导学生明辨是非善恶，修德，悟道，形成正确观念和道德评价能力。

（4）注重实践教学，致知、力行，真正将理论知识运用到实践当中。因此可以在大学英语Ⅳ课程的实践教学第二课堂活动中加入实践竞赛环节，增强理论素养，培养实践能力。

（5）注重立体式教学，教学设计既从横向角度出发，也要从纵向角度出发，通过中国发展与其他国家发展的比较、中国特色与其他国家发展特点的比较、历史使命与时代责任的比较，使德育元素既源于历史又基于现实，既传承历史又与时俱进。

（6）注重个性化教学，坚持因材施教，从学生的自身特点出发，发展其语言知识及思想政治素养，既要遵循教育目的价值取向的共性和统一性，也要关注不同学生个体的差异性。

具体如图6-3-1所示。

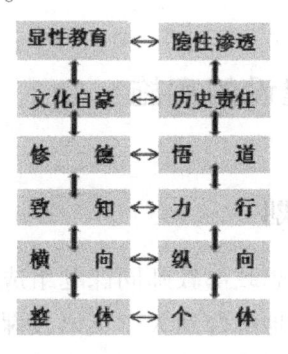

图6-3-1 思政理念

（三）教学方法和教学手段改革、考核方式改革

2010年3月这学期的教学受疫情影响，实施的是网络教学，对于教师和学生都是一个严峻的考验，课题组及时调整了授课方法，利用腾讯课堂以及学习通等平台来辅助教学，实施翻转课堂。为学生们在学习通平台上发布大量的学习资料，同时设置学习任务点，在课上进行辅导答疑，同时讲解重点知识点。

在授课过程中，利用交际法同学生互动，把课程思政元素用话题的方式融入教学中，同时对于大家密切关注的疫情等话题也在课上进行分享，并学习相关语言知识。

考核方式改革主要体现在学习通平台设置的任务点,测试等内容都计入平时成绩当中,这样既调动学生的积极性,也保证了教学效果。

(四) 教学设计

表 6-2-1 每单元教学主题、"课程思政"育人目标、教学方法

大学英语Ⅰ-Ⅲ			
序号	单元教学主题	课程思政育人目标	教学方法
1	Toward a brighter future for all	正确的思想观;人生观;价值观	全身反应法
2	College life in the Internet age	科学技术现代化;科学精神;	全身反应法
3	Heroes among us	大局意识;民族精神;时代精神	暗示法
4	Cliff Young, an unlikely hero	学习时代楷模	听说法
5	To work or not to work — That is the question	辩证分析法;社会调查分析法	群体商谈法
6	The humanities: Out of date?	文以载道、文化育人的教化思想	语法翻译法
7	Journey through the odyssey years	脚踏实地、实事求是	交际法
8	College sweethearts	正确的爱情观	交际法
9	Spend or save — The student's dilemma	普遍联系、对立统一	群体商谈法
10	Door closer, are you?	辩证分析法、理论联系实际	静授法 暗示法
11	The way to success	批判性思维、成功观	翻译法 翻转课堂
12	Life stories	人道主义、奉献精神	翻译法 交际法

(续表)

序号	单元教学主题	课程思政育人目标	教学方法
13	Let's go	文化融合、思维拓展	翻译法 暗示法
14	When work is a pleasure	敬业、乐观	语篇分析法 交际法
大学英语Ⅳ科技英语			
1	Unit 1 Environment《环境》	深入理解生态文明，树立绿水青山就是金山银山的环保理念，并致力为环保事业做出自己的贡献	翻译法 翻转课堂
2	Unit 2 Energy Sources《能源》	深入理解可持续性发展的内涵，并将本专业知识学以致用	翻译法 交际法
3	Unit 3 Plants and Animals《植物和动物》	深入体会普遍联系思想以及达尔文的进化论，同时树立人与自然和谐共存；	翻译法 暗示法
4	Unit4 Biotechnology and Agriculture《生物科技和农业》	深入体会科学发展观，了解科学技术现代化以及科学精神	翻译法 翻转课堂
大学英语Ⅳ商务英语			
1	Unit1 Resume《简历》	深入体会脚踏实地、实事求是的思想，同时要注重文化差异	讲授法 翻转课堂
2	Unit2 Letters of Application《申请信》	了解严谨精神的重要性	翻译法 翻转课堂
3	Unit3 Interview《面试》	懂得理论源于实践，并会使用社会调查分析法	讲授法 交际法

(续表)

序号	单元教学主题	课程思政育人目标	教学方法
4	Unit4 Advertising《广告》	会使用辩证唯物主义思维方法分析问题	语篇分析法 交际法
5	Unit5 Structure and Styles of Business Letters《商务信函的结构与格式》	无规矩不成方圆，懂得规矩的重要性	讲授法 群体商谈法
6	Unit6 Sales-related Inquiries and Replies《询盘与回复函》	会使用辩证分析法以及树立理论联系实际思想	讲授法 翻转课堂
7	Unit7 Order Letters and Confirmation Letters《订单与确认函》	会使用辩证分析法、社会调查分析法	暗示法 任务教学法

四、改革成果

（1）新修订的课程教学大纲

新教学大纲须确立价值塑造、能力培养、知识传授三位一体的课程目标，并结合课程教学内容实际，明确思想政治教育的融入点、教学方法和载体途径，以及如何评价德育渗透的教学成效。新教学大纲应在本课程原教学大纲基础上修订而成，注重思政教育与本课程知识的有机衔接和融合。

（2）一套新课件、新教案

根据上述新教学大纲制作的能体现课程思政特点的新课件、新教案。

（3）现场示范教学视频、"课程思政"教学整体设计演示PPT。

（4）典型教学案例（如表6-2-2所示）

表 6-2-2 典型教学案例

1. 案例主题	防控疫情，关注环保	
2. 结合章节	Unit1 Environment	
3. 案例意义	坚持"以学生为中心"的教学思想，教学的最终目的是促进学生学习，教无定法，只要是能够促进学生学习的，都可以将实际授课内容运用到教学中来，做到教书育人两不误，在传授知识的同时不忘育人，在授课过程中，根据课程主题向学生传递正能量，培养学生积极健康的人生观、世界观。	
4. 案例描述	4.1 教学方法和策略 基于学习通以及QQ群课堂的混合式教学模式，充分调动学生学习的积极性，拓展学习资源，充分发挥学生的自主学习以及教师的引导督促作用。	
	4.2 教学安排	4.2.1 师生互动课程导入部分 互动的问题（谈谈你对环境保护的看法）课前已经通过学习通发给学生，学生在学习通上以视频作业的方式已经提交分享了口语表达，直播课上教师提问部分同学进行班级分享。
		4.2.2 谈到本课的环保主题，教师引导学生去思考由于环境破坏而导致的自然灾害。
5. 案例反思	通过此案例的实施，深刻体会到学生们对于课程中思政元素的自然融入是接受的，而且是积极回应的。对于社会的好人好事，关乎国计民生的一些热点问题他们是感兴趣的。因此，教师挖掘课程中的思政元素是非常必要的，这样不但能够让学生对所学内容更感兴趣，而且有助于培养学生积极向上的人生观、世界观。	

五、改革体会

（一）教育之本在于立德树人

在大学英语课堂中通过教师正确的引导，根据课程的不同学习内容，在课程中融入正确的世界观、人生观，向学生传递正能量，这就体现人才培养过程中的立德，这也是大学英语课程中重要思政功能。大学英语课程不仅是一门培养学生语言能力，传播世界文化的基础课程，更重要的是它承载着传播中国文化的重任，在培养学生英语综合运用能力的同时，适时进行文化比较、价值比较、道德比较，教师利用文化对比的机会，循循善诱，正确引导学生们在这些比较中坚持文化自信，引导学生们热爱、继承和发扬我国的优秀传统文化，引导他们践行社会主义核心价值观。

（二）教师的思想政治觉悟有所提高

在课程改革的过程中，教师们需要深入挖掘课程中的思政元素，这就需要教师本身具有较高的思想水平，反过来在这个挖掘过程中，也提高了教师自身的思想政治觉悟。只有教师的思想政治素质过硬，他们才能有意识地在课堂上正确地引导学生，帮助学生正确了解我国的国情，激发学生的爱国之心，鼓励学生为实现中华民族伟大复兴而不断努力奋斗。

（三）建立动态课程体系

对于大学英语的课程思政实践探索，只是挖掘思政元素的一个开始，在保留探索经验以及成果的基础上，在以后的授课过程中，要结合时事以及授课内容继续深挖课程思政元素，这是一个与时俱进的过程，要不断地完善授课资源，改革授课方式，旨在建立动态的课程体系。

参考文献

[1] 胡泓. 外语素质培养概论 [M]. 武汉：湖北教育出版社，2000.

[2] 王笃勤. 英语教学策略论 [M]. 北京：外语教学与研究出版社，2002.

[3] 罗少茜. 英语课堂教学形成性评价研究 [M]. 北京：外语教学与研究出版社，2003.

[4] 晨梅梅. 探索与改革：转型期的英语教学 [M]. 北京：商务印书馆，2004.

[5] 肖礼全. 英语教学方法论 [M]. 北京：外语教学与研究出版社，2005.

[6] 胡郑辉. 英语学习策略 [M]. 厦门：厦门大学出版社，2006.

[7] 黄勇. 英汉语言文化比较 [M]. 西安：西北工业大学出版社，2007.

[8] 于德社. 北外大学英语课堂教学理念与实践 [M]. 合肥：安徽教育出版社，2007.

[9] 林新事. 英语课程与教学研究 [M]. 杭州：浙江大学出版社，2008.

[10] 林新事. 英语课程与教学研究 [M]. 杭州：浙江大学出版社，2008.

[11] 鲁子问，康淑敏. 英语教学设计 [M]. 上海：华东师范大学出版社，2008.

[12] 汪榕培，王之江. 英语词汇学 [M]. 上海：上海外语教育出版社，2008.

[13] 鲁子问. 英语教学论（2版）[M]. 上海：华东师范大学出版社，2009.

［14］冯莉．大学英语语法教学理论与实践［M］．长春：吉林出版集团有限责任公司，2009．

［15］严明．大学英语自主学习能力培养模式研究［M］．哈尔滨：黑龙江出版社，2009．

［16］朱晓燕．英语课堂教学策略——如何有效选择和运用［M］．上海：上海外语教育出版社，2010．

［17］王笃勤．初中英语教学策略［M］．北京：北京师范大学出版社，2010．

［18］何少庆．英语教学策略理论与实践运用［M］．杭州：浙江大学出版社，2010．

［19］李森，张家军，王天平．有效教学新论［M］．广州：广东教育出版社．2010．

［20］杜秀莲．大学英语教学改革新问题新策略［M］．济南：山东大学出版社，2011．

［21］罗毅，蔡慧萍．英语课堂教学策略与研究方法［M］．武汉：华中科技大学出版社，2011．

［22］何广铿．英语教学法教程：理论与实践［M］．广州：暨南大学出版社，2011．

［23］张鑫．英语教学的理论与实践［M］．北京：知识版权出版社，2012．

［24］王艳．英语听力教学与研究［M］．北京：外语教学与研究出版社，2012．

［25］梁文鑫．大数据时代——课堂教学将迎来真正的变革［J］．北京教育学院学报（自然科学版），2013（01）．

［26］丽丽，杨帆．"互联网+"时代背景下大学英语教学改革与发展研究［J］．黑龙江高教研究，2015（8）．

［27］高凤霞．"互联网+"背景下基础英语教学新模式探索与实践［J］．教书育人（高教论坛），2017（33）．

［28］陈睿．高职英语教学存在的问题及对策分析［J］．当代教育实践与教学研究，2017（2）．

［29］杨芳，魏兴，张文霞．大学英语混合式教学模式探析［J］．外

语电化教学，2017（1）.

［30］王丽丽. 基于SPOC的混合式大学英语教学模式设计［J］. 黑龙江高教研究，2017（10）.

［31］吕晓敏. 基于网络学习空间的混合式教学法在大学英语课堂教学中的应用［J］. 信息记录材料，2018（8）.

［32］张妍妍."互联网+"时代背景下大学英语教学改革与发展研究［J］. 吉林广播电视大学学报，2019（09）.

［33］格更娜. 互联网时代大学英语教学改革探究——评《信息化背景下大学英语教学改革研究》［J］. 中国教育学刊，2019（01）.

［34］马武林，张晓鹏. 大学英语混合式学习模式研究与实践［J］. 外语电化教学，2011（3）.

［35］解筱杉，朱祖林. 高校混合式教学质量影响因素分析［J］. 中国远程教育，2012，（19）：9-14.